他者と共に「物語」を読むという行為

濱 田 秀 行 著

風 間 書 房

目　　次

第Ⅰ部　本研究の問題と目的 ………………………………………… 1

　はじめに ……………………………………………………………… 1

第1章　「物語」についての生徒の読みの交流を検討する視座 ……… 3

　第1節　国語科における文学教育 ………………………………… 3

　　1　文学教育の目標　3

　　2　我が国における文学教育実践の展開と現状　5

　　3　教室における読者　8

　　4　対話的実践としての文学の授業　11

　第2節　「物語」を読むということ ……………………………… 14

　　1　物語 (narrative) の形態的特徴　14

　　(1)　出来事の選択的な構造化　14

　　(2)　視点の二重性　17

　　(3)　他者への志向　19

　　2　「物語」を読むということ　21

　　(1)　Voicing としての読書行為　21

　　(2)　出来事に対する読者の意識のあり方　22

　　3　文学教育のための物語論　25

　　(1)　「焦点化」概念　25

　　(2)　「焦点化」の主体とタイプ　27

　第3節　本研究の理論的枠組み …………………………………… 31

　　1　行為を媒介する文化的道具への着目　32

　　2　「焦点化」概念を用いた分析　35

　第4節　本研究の研究課題 ………………………………………… 40

ii 目　次

　　　1　「物語」の授業を対象とする教室談話分析　　40

　　　2　本研究で検討する研究課題の整理　　41

第2章　方法と本研究の構成 ……………………………………… 45

　第1節　方法 ……………………………………………………… 45

　第2節　本研究の構成 …………………………………………… 46

第Ⅱ部　読みの交流を通して「物語」を協働的に読み深める授業 … 49

第3章　読みの交流を通して「物語」の読みが深まる過程 ………… 55

　第1節　本章の目的 ……………………………………………… 55

　第2節　方法 ……………………………………………………… 56

　　　1　対象授業　　56

　　　2　小グループと話題　　57

　　　3　分析の手続き　　58

　第3節　結果と考察 ……………………………………………… 58

　　　1　発話の焦点化と言及される出来事との関連　　58

　　　2　出来事についての多面的な意味づけの協働による達成　　61

　　　3　登場人物の内部で対立する「声」　　66

　　　4　「物語」についての意味づけが多重化される過程　　69

　第4節　総括考察 ………………………………………………… 72

第4章　「物語」の読みが深まる過程における生徒による役割の

　　　　相違 …………………………………………………………… 77

　第1節　本章の目的 ……………………………………………… 77

　第2節　方法 ……………………………………………………… 77

　　　1　対象授業　　77

　　　2　小グループと話題　　78

目　次　iii

　　3　分析の手続き　79
　第3節　結果と考察 ………………………………………………………… 79
　　1　発話において焦点化される登場人物の違い　79
　　2　談話過程において果たされる個人の役割　82
　　3　交流を通した読みの深まり　87
　第4節　総括考察 …………………………………………………………… 91

第Ⅲ部　「物語」を協働的に読み深める授業における生徒の
　　　　自己内対話 ……………………………………………………… 95
第5章　他者の読みの取り込み ……………………………………… 101
　第1節　本章の目的 ……………………………………………………… 101
　第2節　方法 ……………………………………………………………… 101
　　1　対象授業　101
　　2　小グループと話題　102
　　3　分析の手続き　104
　第3節　結果と考察 …………………………………………………… 105
　　1　読みを取り込む際の自己内対話　105
　　2　出来事における登場人物の不在と「声」　109
　　3　読みの取り込みで失われるもの　111
　第4節　総括考察 ……………………………………………………… 114

第6章　「物語」の読みの授業における議論と振り返り …………… 117
　第1節　本章の目的 ……………………………………………………… 117
　第2節　方法 ……………………………………………………………… 118
　　1　対象授業　118
　　2　小グループと話題　118
　第3節　結果と考察 …………………………………………………… 120

iv　目　次

  1　小グループでの読みの交流を踏まえた教室全体での議論　120

  2　振り返りの学習活動における自己内対話　123

 第4節　総括考察 …………………………………………………… 126

第Ⅳ部　「物語」を読む授業の授業観と教室談話 ……………… 129

第7章　読むことの授業における権威と特権化 ……………… 131

 第1節　目的 ………………………………………………………… 131

 第2節　方法 ………………………………………………………… 132

 第3節　結果と考察 ………………………………………………… 134

  1　特権化と「キーワード」　134

  2　権威的関係と特権化　140

 第4節　総括考察 …………………………………………………… 144

第Ⅴ部　総合考察 ……………………………………………… 147

第8章　教室で他者と共に「物語」を読むという行為 …………… 149

 第1節　結果の総括 ………………………………………………… 151

  1　第Ⅱ部のまとめと総括　151

  2　第Ⅲ部のまとめと総括　155

  3　第Ⅳ部のまとめと総括　160

 第2節　教室で他者と共に「物語」を読むという行為 ……………… 161

 第3節　今後の課題 ………………………………………………… 166

 引用文献 …………………………………………………………… 171

 初出一覧 …………………………………………………………… 183

 謝　辞 ……………………………………………………………… 185

第Ⅰ部　本研究の問題と目的

はじめに

　我が国の学校教育において「物語」[1]を読むことは国語科の授業実践の中に大きな位置を占めてきた。その指導過程については子どもの対話的な活動によって組織することが重要であるとの認識が早くから共有され，多くの実践者によって取り組まれてきた。また，近年では国際的にも子どものアイディアを相互に交流する学習活動に積極的な価値を認める議論が広く行われるようになってきている。しかし，授業において生徒が協働的に「物語」についての読みを深める過程[2]の実態についてはこれまで十分に検討がなされてきたとは言い難い。そこで，本研究では社会文化的アプローチの立場から「物語」を読み深める授業の事例について生徒の読むという行為に着目し，詳細に検討することを通して，教室で他者と共に「物語」を読むという行為の特徴を明らかにすることを目的とする。

---

[1] 本研究では，物語（narrative）のうち，文字化され読書行為の対象となった物語言説を「物語」と表記する。
[2] 本研究では，授業を創る学級集団の成員間の異質性，またそこで行われる活動の多様性に着目し，そこでの生徒の学習を異質な他者との相互作用によって成立する「協働」（collaboration）の過程としてとらえる（c.f., 秋田, 2000; 藤江, 2010b）。

第1章 「物語」についての生徒の読みの交流を検討する視座

　本章では，まず，我が国における文学教育の実践についての議論を概観し本研究の背景を明確にする。次に，物語（narrative），「物語」を読むという行為，「物語」の読者のそれぞれについての研究において，これまでに明らかにされてきた知見の整理と残された課題の確認を行う。それを踏まえ，「物語」を協働的に読み深める授業における生徒の学習の詳細について明らかにするための本研究の立場と理論的枠組みについて論じる。

第1節　国語科における文学教育

1　文学教育の目標

　国語科教育の領域では，「物語」を読むという行為において読者が体験する過程は，その文章が描いている対象に対する主観的意味づけと客観的意味づけの統合において特徴づけられると考えられている（e.g., 府川，1995; 難波・三原市立三原小学校，2007; 田近，1996; 1998; 山元，2005）。このような文学体験の在り方について1960年代から積極的に発言し，理論的な整備を行ったのが西郷竹彦である。西郷（1998b）は，文学の読書行為における読者の体験について，次のように説明する。

　　　読者は，視点人物と同化して視点人物の体験を共に体験しながら（身につまされ，われを忘れている）他方では，視点人物をもつきはなし，一歩身をひき，あるときは批判し，客観化しています。これを異化といいます。ある事件をそこに登場する人物自身になって体験するしかたが同化体験であり，その人物をも事件

4　第 I 部　本研究の問題と目的

をも外がわからながめて，いわば第 3 者・目撃者としての体験のしかたを異化体験という。〈内の目〉は同化体験，〈外の目〉は異化体験を引き起こします[3]。文芸の体験は，これら同化と異化が表裏一体となった，ないまぜになった体験であり，これを生身の体験と区別して共体験と名付けます。

　共体験とは，作者の体験を追ういわゆる「追体験」ではありません。〈内の目〉をとおしての（主観をくぐっての）同化と，〈外の目〉をとおしての異化された体験です。

(p. 240)

　読むという行為によって読者にもたらされる体験は，現実世界における生身の人間の体験とは異なる。現実世界では，われわれは認識の対象となる「人物」や「事件」を物理的な制約に縛られる生身の身体を起点として，とらえざるを得ない。読者は文学体験において，ことばを媒介とすることで現実世界のこのような制約を超えて対象を理解する。

　このような文学体験の特徴を踏まえ，文学教育の中心的な目標を，主体と対象，主体と状況の関係を認識する能力の育成とすることが考えられてきた。西郷（1965）によると，文学は，歴史的社会的存在としての人間，すなわち，対象（＝自然，人間，社会，歴史）に働きかけ，それをよりよき方向に変革してゆくことのなかで，自己もまた変革されるというお互いの関係の中に生きているものを描きだすものとされる。そして，それを読むことを通して，現実世界における人間と自然，人間と人間，社会，歴史の諸関係に存在する深刻な矛盾のはらむ諸関係を具象的なイメージによってとらえる関係認識の力を育成できることが文学教育の価値だという（p. 142）。ここには，人間の存在を，その人のおかれた具体的な状況や社会的かつ文化的な文脈に位置付けることで理解しようとする姿勢がとらえられる。

3　西郷（1998a, pp. 17-44）によると，〈内の目〉，〈外の目〉とは，文学的文章の「形象」，すなわちそこに描かれた「もの」や「こと」に対する語り手の認識の在り方についての概念である。〈内の目〉は形象中の特定の人物の視点から形象を描く語り方であり，〈外の目〉は形象の外側に存在する視点から形象を描く語り方である。

このような文学観に基づく教育活動の組織によって目指されるのは，現実
世界における人間の存在を深く理解する能力を子どもに育成することである。
西郷（1998a）は，文学教育を通した子どもの育ちについて次のように説明す
る。

　虚構として読む，構造的に読む，ということをすれば，自分というものを外か
ら見ることができるようになるのです。
　自分を対象化して，自分の姿を，言っていること，していることを，外から見
ることができる。あるいは他人の目から自分を見ることができる。もう一つは，
ある人物に同化していくことを訓練していくと，訓練の結果，読者は自分ではな
い人間になることができるのです。相手の身になることができる。思いやりとい
うことです。

（p. 450）

「自分を対象化して」，「外から見ることができる」，「相手の目から自分を見
ることができる」，「相手の身になることができる」といった能力は，他者と
の関係認識と自律にかかわるものととらえられる。このような文学教育観は
国語科教育の実践の中に現在まで脈々と受け継がれている。単に読むことに
かかわる技能の育成にとどまらず，自らの視座を転換して，他者を理解し，
他者の側から自己を相対化することのできる言語主体の形成を射程に入れた
実践が目指されている（e.g., 田近，1996; 2013）。

2　我が国における文学教育実践の展開と現状

　文学教育の実践においては，子どもが他者との対話的な関係を通して自ら
の読みを省みることに早くから注目がなされてきた。大正の初めには，芦田
（1916）が，文学教育実践の目標について「讀み方教授は自己を讀ませるの
が目的である。自己を讀むとは他人の文章によつて，種々の思想を自己の内
界に書き，未知の眞理を發見しては，之を喜び，悲哀の事實には同情の涙を
灑ぎ，かくして自己の覺醒せらるるを樂しむ義である」（p. 154）と主張して

6   第Ⅰ部　本研究の問題と目的

いる。大正の終わりには，自由教育運動の流れの中，吉田（1925）が，文学
的文章の授業展開に「價値創造の學習」として「協同學習」を位置付け，こ
れに参加することで児童が「他よりの刺戟と暗示と批判とによる自己内省」
を得る過程を大事にする授業実践のあり方を実例に基づいて提案している。

　昭和の初めの時期になると，文学的文章についての学習者の読みを尊重す
る教育観に立って授業の過程に協働的学習活動を位置付ける実践の試みがい
くつも行われた。例えば，山路（1931）は，自身の実践における児童の具体
的な姿から，教材に対する個々の児童の問いをそれぞれが追究する「獨自學
習」と「個人學習が自身を向上させるために要求する自然の發露」である
「相互學習」とを組み合わせる授業が「讀方學習態度の上乗」であり，「自由
進度と相互學習とを交へたる個人學習の躍進」は，児童に「眞の興味を得さ
せる」と主張している（pp. 143-166）。このように，協働的な学習活動は，初
等教育の授業実践を対象とする文学教育論において早くから注目されてきた
のである。

　戦後になって，読み手としての学習者の読みの生成・交流に積極的な価値
を認める授業実践が中等教育にも広がりをみせる。益田（1952）は，有島武
郎の「ふぶきの一夜」を教材に小グループでの話し合い活動を基盤として実
践された授業において，生徒間の意見が対立しながら議論が展開したこと，
その議論を通して文学的文章の虚構世界と生徒の現実とがつながっていった
ことを報告している。また，荒木（1953）は，「万葉集」等の歌集の授業が，
多くの学者や歌人の批評に影響を受けた教師が自分の鑑賞や好みを押し付け
るものとなっているのではないかという問題意識から，生徒のこれらの歌集
に対する感じ方や考え方を率直に把握しようとした実践の報告を行っている。
その授業の過程では活発な討論が行われ，それを通して「自分のなかにある
ものを万葉の中に見つけ出したのではなく，ないもの，失われたものを見出
して感動している」（p. 6）生徒がいたという。彼らの実践報告では，文学教
育の主要な価値は，生徒が読みの交流を通して自己と向き合うことにあると

主張されている。このような実践に対して当時の国語教育界で積極的な評価が行われたことで，読みの過程における読み手の反応から文学教育の目的と方法を構想する以後の議論の広がりが生まれたと考えられている（e.g., 田近, 1993）。西尾（1953）は，益田や荒木の実践の思想を文学作品の「問題意識を喚起する機能」から文学教育を構想するものと評価し，それまで「その人のその場における個人的主観に色づけられ，偶然的な事情にゆがめられがちであることを理由に」退けてきた「一讀による理解」の中に，「その人としては見逃してはならない『問題意識』が含まれていたという不備が，批判されなくてはならない」と主張している（pp. 91-92）。

　このような文学教育観を継承し，文章に向き合うための書く活動と生徒の読みを交流する活動とを指導過程にしっかりと位置付けたのが太田正夫の「十人十色を生かす文学教育」である（cf., 浜本, 1978）。「十人十色を生かす文学教育」では，「表現行為が進められる中で，作品の読み取りが，確かめられていくこと，また自己の思想との様々な距離関係において作品から読みとったことが考えられてゆくこと」（太田, 1987, p. 79）が大事だとされ，生徒に読みの思想行為として「書くことによって読む」ことが推奨される。生徒が文学的文章を読んで書いた直感的な感想は教師によって編集・印刷され，第一次感想集として配布される。生徒はそれを読んで自己の読みを相対化するとともに，他の生徒と対話を行い，そこで生じた共感・否定・対立など関係に基づき感想を書くことを促される。この感想も，教師によって編集・印刷され第2次感想集として配られる。これは子ども一人一人の読みに積極的な価値を認めるという文学教育観を授業過程において具現化する指導方法の提案ととらえられる。

　子どもが，書く活動によって文学的文章に向き合い，それぞれの読みを交流するという授業のあり方は，今日の文学教育の指導方法論にも引き継がれている。例えば，児童言語研究会はその指導方法である「一読総合法」の「ひとりよみ」の段階での書く活動についての具体的な指導について「書き

込み」指導の内容として整理し，続く「話し合い」の段階で協働的に読みを深めることを定式化している（児童言語研究会，2006; 児童言語研究会・関，2015）。また，山元（2010）は，複数の指導法に言及した上で文学的文章を読む授業の基本的な指導過程を次のように示している（pp. 104-114）。

　　ア　作品に対する子どもの関心を促し，反応をひらいていくこと
　　イ　「一人読み」の際の「書きこみ」
　　ウ　話し合い活動の組織化
　　エ　自らの反応の過程をふり返る活動の組織化

我が国の文学教育実践の伝統において見出された，一人ひとりの子どもの読みを大事にすること，書く活動によって子どもが自分と向き合う機会を保障すること，子ども同士を対話的にかかわらせることの価値は，今日の授業実践についての言説にも受け継がれている。

　ただし，このような授業の在り方が今日の文学教育の実践や議論において十分に標準化されているわけではない。たとえば，塚田（2005）は，我が国の文学教育研究では高度に洗練された既成の文学的遺産の再配分や再生産の議論から出発して文学教育を語る言説が支配的であると指摘し，授業では既成の文学的価値や技術を振りかざすことで教師が権威者として振る舞ってきたと批判している（p. 281）。「作品」ではなく子どもを中心において文学教育，文学の授業を構想し，実践していくことは今日においても探究が続く課題だととらえられる（cf., 田近，1993; 1996; 2013; 山元，2005; 2014）。

3　教室における読者

　国語科教育の領域では，読者反応研究として文学的文章に対する反応の実態や発達的な変化が検討されてきた。たとえば，山元（1992）は，5年生児童35名を対象に実験的な手法を用いて「注文の多い料理店」への反応を初読

時と再読時において「構え」と「反応の焦点」,「反応行為」に着目して分析を行い,それぞれの相違について報告している。藤井（2000）は,山本（1992）と同様の枠組みから小学校 1 ～ 6 年生（$n = 376$）を対象として,「いちばんのねがいごと」についての反応について検討し,批判的な「構え」を多く採るようになるのが 6 年生段階であることなどを明らかにしている。このほか読みの能力の発達的変化について検討する研究は,参加者的スタンスと観察者的スタンスの細分化や切替えのタイミングについて明らかにしてきた（e.g., 荻原, 1996; 山本・住田, 1996; 住田・山元・上田・三浦・余郷, 2001）。

　これらの研究の枠組みを踏襲しながら,実際の授業における読者の反応を検討する試みも行われている。たとえば,寺田（2003）は,授業者が主導するタイプの授業を対象に,中学 1 年生が「アイスキャンデー売り」に対して示す反応について,授業の談話記録と生徒のメモを参考にしながら,初読時と再読時にそれぞれ書いた感想文を分析し,生徒の反応がどう変化したかを,教師やテキスト表現,相互交流と関連付けながら検討している。ただし,この研究では授業過程における学習者の反応の変化を量的な分析によって記述し,それに基づいて授業者の発言,反応の交流,教材の表現のそれぞれとの関連を考察するという手法がとられている。「物語」を読むという行為の認知的な側面に焦点化し,それにかかわる変数として交流はとらえられている。

　国語科教育研究では,文学教育の方法論として学習活動としての交流をどのように行うべきかという課題について明らかにしようとする試みも行われている。例えば,松本（2006）は,「語り」に着目した教材分析に基づき読みの交流の成立がどのように可能となるかという問題意識から実際の授業における生徒の発話を検討している。さらに松本（2015）は,この問題意識を発展させ,独自の「質的三層分析」によって,授業における話し合いのプロトコルデータを分析し,読みの交流を促す問いの条件について検討を行っている。

　これらの研究は,自分自身や他の学習者の読みについて,それを比較した

り相対化したりする発話や，読み方について言及する発話に着目して，生徒個人の読みの変容をとらえようとする点に 1 つの特徴がある。実験的な授業によって小集団で一文を読む学習指導の開発を目指す試み（e.g., 寺田, 2012, pp. 81-97）も同様の発想に基づくものととらえられる。これら対話的な学習活動を成立させるための課題の在り方に関心が向けられた研究では，「物語」を読むという行為が個人の頭の中での認知プロセスとしてとらえられている。つまり，読みの交流を対話的なものとする指導方法を開発することを志向する研究においては，「物語」についての読みが協働的に深まるという教室談話の生成的な側面は関心の埒外となる。しかし，Cazden（2001）によると，教室談話は，常に意味の交渉・再交渉を行う中で，一方で個人の知識となりつつ他方で共同体に意味を蓄積していくという循環的，かつ複線的なプロセスとされる。上記の研究ではこのような点についての注意が欠けていると思われる。

　この問題に対し，社会的構成主義の立場から「物語」を読む国語の授業における児童の学習過程を実際の教室談話に基づいて具体的かつ詳細に分析したのが佐藤（1996）である。この研究では，「物語」（「ごんぎつね」）についての児童（小学校 4 年生）の発話を，自分のものの見方からの一方的なメッセージや，相手の発言に対して単に反対，賛成とした評価しか行わない「モノローグ的発話」と自分の意見と相手の意見の 2 つを関連づけたり，相手の意見に対するコメントを別の意見との相違点を並べて述べる「ダイアローグ的発話」に分類して教室談話の分析を行っている。その結果として，授業において「物語」を読み進めるに従って児童の全発話に占めるダイアローグ的発話の割合が増えることを報告している。また，子どもが，他者の読みの影響を受けながらも単純にそれを取り込んだり，一方的に影響を受けたりするのではなく，他者の意見を批判的に吟味し，それぞれの主体性をもって他者の意見に対峙していること，さらに，読みを交流させる学習活動が，学習者によって自己の理解のモニターとして使われ，さらに，その使い方にも個人差

のあることを示している。精緻な理論枠組みに基づいて実際の授業データを詳細に分析することでいくつもの知見と実践的示唆が見出されている。

ただし，この研究では我が国の文学教育が重視してきた，文章が描いている対象に対する主観的意味づけと客観的意味づけの統合については十分な関心が向けられていない。佐藤（1996）の分析枠組みは，「ごんぎつね」の解釈を物語文法の考え方を参考に登場人物「ごん」の行為の因果推論と推論のネットワークの形成に力点を置いた概念的グラフ表現によってテキストの理解モデルを措定し（pp. 122-123），それを枠組みとして読みをとらえるというものである。具体的には子どもの読みは「つぐない」をキーワードとする読みと「友だち」をキーワードとする読みの2通りに分類されている。授業の分析において児童が主人公「ごん」の行為の意図や目標ばかりに注目して読みを進めていくことが前提とされ，もう一人の登場人物である「兵十」の視点から出来事に意味づけて行くことや「物語」の冒頭が「これは，わたしが小さいときに，村の茂平というおじいさんから聞いたお話です。」と語り出されることに対する意味づけ等については考慮されていない。実際の授業事例に基づいて，子どもの文学体験の過程について検討することは本研究に残された課題ととらえられる。

4　対話的実践としての文学の授業

近年の学習者に焦点を当てた研究の進展は，授業に協働的な学習活動を導入し，より深い概念的な理解や省察（reflection）を促すような対話的な参加構造（Social Participation Structure)[4] を教室談話に創り出すことが重要であるとの示唆を見出している（米国学術研究推進会議, 2002）。Nystrand & Gamoran, (1997) や Nystrand, Gamoran and Zeiser (2003) によれば，対話的な参加構造の教室談話は，教師が「テスト的な質問（test questions)」によって子

---

[4]「参加構造」とは，教室の談話に，誰がどのように参加しているか，あるいはすべきかというコミュニケーションのあり方を規定する構造である（Erickson, 1982; 茂呂, 1997）。

どもを主導するスタイルの授業ではなく，質問者がその答えを事前には分かっていない「真正な質問（authentic questions）」に基づいて展開する授業に特徴的だとされる。対話的活動を通した深い学びを志向する授業実践に関する研究では，学習者から問題を提起させること（Cornelius & Herrenkohl, 2004）や他者の意見に「なぜ」という問いかけを行うこと（レイボウ, 1996），分かったことではなく，どこが問題か，また何を知りたいのかを学習者相互に明確にしていくよう話し合うこと（Chan, 2000）等の重要性が指摘されている。

　我が国の国語教育実践においても，子どもの問いに基づいて授業を展開する試みが数多く行われてきている。たとえば，武田（2008）は，文章教材について解き明かしたい内面からの「問い」が生まれてくるとき，子どもが教師の予想をはるかに超えて，自ら考え，自分が納得できるところまでそれぞれに追究し，思考を深めていくことを数多くの実践事例の分析によって示している。また，石井（2006, 2012）も，児童の受け止めや発見にもとづいて教室の話し合いを創る「学び合う学び」の文学の授業実践において，児童が文章教材を深く味わうことを報告している。

　一人ひとりの子どもの読みを大事にすること，書く活動によって子どもが自分と向き合う機会を保障すること，子ども同士を対話的にかかわらせることを大切にする文学教育のあり方は，知識基盤社会において求められる授業実践のあり方に重なっている。2016年現在，次の学習指導要領の改訂に向けて「課題の発見・解決に向けた主体的・協働的な学び（いわゆる「アクティブ・ラーニング」）」の視点から授業を改善するという方針が示されている（中央教育審議会, 2015）。「アクティブ・ラーニング」の視点とは「深い学び」，「対話的学び」，「主体的な学び」の３つである。秋田（2016）は，「深い学び」を，学ぶ対象への関与による認知的理解の次元の問い，「主体的学び」を，学び手としての子どもの実存の形成への問い，「対話的学び」を，社会的な他者との関わりと，自己の関係のつながりのあり方への問いであるとし，

これらの関係が「深い学び」の実現のために，「対話的学び」，「主体的な学び」を手立てとするという目的と手段の関係ではなく，子どもの学びと育ちをとらえる際の軸として考えるべきことを指摘している。文学教育の実践についても，子どもが「物語」についての読みを他者と対話的に交流する中で，その虚構世界についての理解を深めるとともに，自分の読みを，あるいは読んでいる自分や自分のおかれた社会的状況を振り返るという過程をこれらの軸からとらえていくことが必要となる。具体的には，「物語」の授業における子どもの読みの変化をその教室における社会的なコミュニケーション過程に位置付け，また自己との対話を促すために導入される書く活動に目配りしながら検討していくことが求められるだろう。

　このような学習観・授業観とかかわって，子どもや教師の現実の発話を対象とし，発話が生成された授業進行や課題解決の文脈，活動の形態，学習者集団としての学級の文化や関係性までを視野に入れて，「今―ここ」で生成される言語的相互作用によって成立する授業のありようを明らかにすることを目的としてすすめられているのが教室談話研究である（藤江，2010a）。談話の生成過程自体をローカルな文化やそこでのアイデンティティの形成の場としてとらえる教室談話研究は，社会文化的アプローチをグランドセオリーとして，個別具体的な談話事例，具体的な発話内容や発話のターン構成等の分析を進めている（秋田，2004）。本研究では，教室談話研究が明らかにしてきた知見，またその手法に学びながら，実際の授業事例の具体的な分析と考察によって教室で他者と共に「物語」を読むという行為について明らかにしていく。その方法の詳細については，本章第3節において詳述する。

14　第Ⅰ部　本研究の問題と目的

第2節　「物語」を読むということ

1　物語（narrative）の形態的特徴

　本項では，自らの視座を転換して，他者を理解し，他者の側から自己を相対化することのできる言語主体の形成を可能とする物語（narrative）の構造的な特徴について，物語研究の知見を整理することで検討を行う。社会学，歴史学，心理学等の分野における物語論のレビューにおいて，物語というものが「出来事の選択的な構造化」，「視点の二重性」，「他者への志向」という特徴を備えた言説であるとの指摘がなされている（浅野，2001）。以下，読むことの対象である「物語」概念を明確にするためにこの3つの特徴のそれぞれについて議論を行う。

(1)　出来事の選択的な構造化

　物語は出来事を選択的に構造化する。物語（narrative）の基本的な構成要素を出来事(event)とすることは多くの物語論者の認めるところである(c f., Abbot, 2008)。物語では，複数の出来事の相対的な関連付けが言説によって行われる[5]。物語によって出来事が関連付けられることによって，語られた世界（登場人物の活動する世界）には，意味と方向性を持った時間的な流れが生じる（リクール，1987）。

　物語の構成要素としての出来事は，物語，あるいは語り手に対して所与のものとしてあるわけではない。それは，語られることによって見出されると

5　プリンス（2015）によると，「物語」は，語り手（narrator）によって，聞き手（narratee）に伝達される出来事の再表現象として定義されている（pp. 122-126）。なお，歴史学における物語や心理学臨床の場でいう自己物語（self-narrative）においては，出来事の構造化は時間軸にそって行われると考えられる。

第 1 章 「物語」についての生徒の読みの交流を検討する視座　15

考えられる。例えば，やまだ（2000）は，人が経験を組織化しそれに意味を
与える「意味の行為」（acts of meaning）としての物語（Bruner, 1990）を構成
する出来事について，次のように説明している。

　　要素としての出来事は，文章の筋立てと構造化の過程でまとまるのであり，そ
　　れを支えるコンテクスト（文脈）なしに，前もって実体として孤立して存在して
　　いるわけではありません。文脈を与え，筋書きをつくる行為によって，個々の出
　　来事が組織されるとともに意味化されるのです。また，物語を構成する１つ１つ
　　の出来事も物語構造をもち，出来事を構成する１つ１つの文章も物語構造をもち
　　ます。それらの関係は「入れ子」構造からなります（やまだ, 2000, p.11）。

つまり，物語が出来事によって構成されるその一方で，物語によって出来事
が見出されるというのである。出来事が「入れ子」構造を持っているという
ことは，出来事のまとまりというものが暫定的な性格を帯びていることを意
味している。いったん見出された出来事の内部に複数の出来事が新たに見出
される，あるいは，その出来事がより大きな出来事の部分的な要素に組み込
まれる。物語における出来事という単位はこのように伸縮性をもったものと
とらえられる。
　「物語」読解についての心理学的な研究において，出来事の関連付けは，
理解過程の主要な枠組みとして考えられている。この領域では，テキストを
読んで理解する過程は，文章そのものが表している意味（text base）に，読
者の経験や関心，既有知識を統合することによって一貫した整合性を備えた
状況モデル（situation model）を構築することとしてとらえられている
（Kintsch, 1998）。読者の構築した状況モデルは，読者が「物語」を読み進め
ていくうち既存の状況モデルを上書きすることで更新される（Zwaan & Rad-
vansky, 1998）。読者が「物語」について構築する状況モデルは，出来事
（event）を構成単位とし，時間，因果関係，空間，目標，登場人物という５
つの次元からなると考えられている（Event-Indexing Model: Zwaan, 1999）。こ
れらの５つの次元のうち，登場人物，時間，空間の３つの次元は出来事を定

16　第Ⅰ部　本研究の問題と目的

義する次元としてまとめることができ，意図と因果関係は，出来事間の関係性を特定する次元としてまとめることができる（Scott & Taylor, 2000）。つまり，「物語」の読者は，「物語」を読み進める中で，その世界に出来事を見出し，それらを関連付けていくのである。

　読者は，物語の出来事を関連付ける過程において出来事そのもののイメージを構築し，それに様々に反応しながら理解を更新して行くと考えられる。このことにかかわり，文学教育研究の領域では，田近（1996）が，読者が物語のことばと関わることで虚構世界を創造し，その世界を現実として生きるような読みとを「文学の〈読み〉」と呼んで概念化している。

　このような，いわば深い読みのあり方にかかわり，読者が登場人物に共感したり，物語に没頭するような過程に関心を寄せる研究が心理学の領域でも行われるようになっている。例えば，米田・楠見（2007）は，Event-Indexing Model に物語理解における感情研究の知見を反映させ，読者と主人公の相互作用を考慮したモデルを提示している。読者が「物語」に出来事を見出す際に，登場人物（existent）に注目し，その登場人物と自分との交互作用が反応のあり方に影響を与えていることを示唆している。また，小山内・岡田（2011）は，物語の世界へ入り込むような文学体験を没入体験と呼び，そのような体験において出来事についてのイメージの鮮明化が大きな要因であることを質問紙調査の結果に基づく因子分析の結果から明らかにしている。物語の虚構世界のイメージを鮮明化し，現実に近づけていく認知過程が文学体験の基盤をつくるものであることが示唆される。さらに，小山内・楠見（2013）は，読者が物語を読む行為とその内容とに集中し物語世界に入り込む体験についての先行研究において明らかになった知見を整理し，状況モデルの構築によって没入が生じると同時に，没入することによって状況モデルの構築が促進されるという「物語没入−読解モデル」（narrative immersion-reading model）を提唱している（Figure 1）。このモデルにおいては，「状況モデル」と「没入体験」の重なるところに「イメージ化」がおかれている。

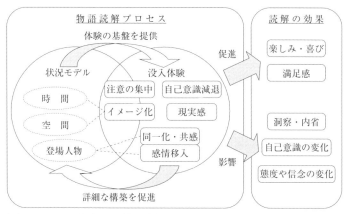

矢印はそれぞれの概念間の影響の方向を示す。点線は状況モデルの各次元と没入体験の構成要素間のつながりを示す。

Figure 1　没入―物語読解モデルの概念図

「物語」の中に出来事を見出し，それを相対的に関連付けていくことと，見出した出来事のイメージを精緻化していくことが物語を理解するプロセスにおいて重要であり，それらが分かちがたい関係にあることが示唆される。

(2) 視点の二重性

物語の基本的な特徴として語り手の意識の景観と登場人物の行為の景観との二重性のあることは学際的に共有されたアイディアといってよい（cf., Bruner, 1986; 1990; カラー, 2003; エーコ, 2011; 石原, 2009）。物語の語りは，語られる出来事の当事者となる人物（登場人物）の視点を創り出す。つまり，物語においては，語り手が聴き手に語りかける世界とそこで語られている出来事の世界という二つの世界が存在する。物語を語るということは，この二つの世界のコンテクスト（脈絡）を連関させることを意味するのである（栗原, 1988）。

物語の視点の二重性というアイディアの起源の一つとしてバフチンの「ポリフォニー（多声性）」を挙げることができるだろう。バフチン（1996）は，

「物語」のことばには，描き出す作者の個人的意識および意志と描き出される登場人物の個性化された言語的意識および意志が混交しており，意図的かつ意識的な芸術的混成物には，二つの意識，二つの意志，二つの声―従って二つのアクセント―が関与していると説明している（p. 187）。

　注意しておかなければならないのはバフチンの「ポリフォニー」，すなわち，「物語」のことばに複数の「声」を見出すことができるというアイディアは，語り手の視点と登場人物の視点の二重性をとらえることに留まらない理論的射程を備えているということである。バフチンが，ドストエフスキーの長編作品の特徴として提示した分析を見てみよう。

> 　自立しており融合していない複数の声や意識，すなわち十全な価値をもった声たちの真のポリフォニーは，実際，ドストエフスキーの長編小説の基本的特徴となっている。作品のなかでくりひろげられているのは，ただひとつの作者の意識に照らされたただひとつの客体的世界における複数の運命や生ではない，そうではなく，ここでは，自分たちの世界をもった複数の対等な意識こそが，みずからの非融合状態を保ちながら組み合わさって，ある出来事という統一体をなしているのである。

（バフチン，2013, p. 18）

　「自分たちの世界を持った複数の対等な意識」，すなわち，出来事の当事者である複数の登場人物間の認識の違いが「物語」に見出されることが示唆されている。ドストエフスキーの長編小説についてのバフチンのこの指摘は，クリステヴァ（1983）によって散文体による文学的文章一般に通ずる性質として拡張され，今日では，文学・批評研究の領域において広く認められるものとなっている。たとえば，ロッジ（1997）は，「物語」の言語はひとつの言語ではなく，様々な文体と声が創り出すメロディーであるとし，その特徴ゆえに小説というジャンルが，この上なく民主的な，反全体主義的な文学形式となり，そのためにイデオロギー的・道徳的立場も，異議申し立てと反駁を逃れはしないと述べている（p. 179）。「物語」のことばには，出来事に対

する多層的・多面的意味づけにかかわる複数の「声」が響いているのである。

　上記の「声」の概念は，伝統的な「視点」概念に近しいものである。ただ，「視点」が個人の内側に留まる働きを示す概念であるのに対して，「声」は誰かによって誰かに向けて発せられるものであり，人と人との関係にかかわる働きを示すものであると考えられる（宮崎，2008, pp.205-219）。さらに「視点」という術語は，それが登場人物や語り手といった個別具体的な人格と一対一で対応することを予想させる。これに対し，バフチンの「声」は，人格というものが社会的に構成されるという想定を含み込んでおり，一つの発話の中にも複数の「声」の存在を認める。この点については，次の項でさらに議論を行う。

(3)　他者への志向

　物語は，本質的に他者に向けられて語られる。すなわち，物語は，語り手と聞き手による言語コミュニケーションのヴァリエーションのひとつとしてとらえられる。ゆえに，物語のことばは，語り手の聴き手に対する様々な想定を反映して創り出されている。

　この特徴にかかわりバフチン（1988）は，言語コミュニケーションにおける「発話の対話的定位」の概念化を行っている。

　　　発話は言語コミュニケーションの連鎖の一貫であって，これを先行する諸々の環から切り離すことはできない。それらの環は，この発話のうちに直接的な返答の反応や対話的な応答を生み出すことによって，この発話を外からも内からも規定しているのである。
　　　だが発話は，言語コミュニケーションの先行の環だけでなく，後続の環とも結び付いている。発話が話者によってつくられるとき，後続の環はもちろんまだ存在していない。けれども発話は最初から，ありうべきさまざまな返答の反応を考慮して構築されるわけで，本質的には，それらの反応のために発話はつくられるのである。〈中略〉話者は最初から，彼らの返答を，能動的な返答としての理解を期待している。発話の全体がいわば，この返答に向けて構築されるのである。

(pp. 179-180)

言語コミュニケーションにおける発話は，発話者だけでなく，その発話に対する聞き手の応答を考慮して構築される。一つの発話の中に複数の「声」をとらえることができるというのは，ひとつにはこの原理と対応していると考えられる。発話には，主体の属性や背景，意図の反映される「声」だけでなく，その具体的な言語コミュニケーションの相手（対象）やその場を取り巻く状況や場面の「声」が取り込まれているのである（cf., 田島, 2003; 一柳, 2012）。

　なお，発話に含まれる「声」は，そのことばの具体的なあり方から，一定程度まで分析することが可能である。それが可能になるのは，単一の国語がその内部において分化されているためである。

> 　単一の国語はその内部で様々に——社会的諸方言，集団の言葉遣い，職業的な隠語，ジャンルの言語，世代や年齢に固有の諸言語，諸潮流の言語，権威者の言語，サークルの言語や短命な流行語，社会・政治的に一定の日やさらには一定の時刻にさえ用いられる諸言語（毎日が自らのスローガンを，語彙を，自己のアクセントを持っている）等に分化しているが，このようにあらゆる言語がその歴史的存在のあらゆる瞬間において，内的に分化している。
>
> （バフチン，1996, p. 16）

単一の国語の内的な分化というこの特徴についてバフチン（1996）は「言語の多様性（ラズノレーチェ）」（pp. 83-140）として概念化を行っている。実際の言語コミュニケーションにおける発話において言語の内的な分化が顕在化する。ひとつひとつの発話に，それが使用された具体的な言語コミュニケーションを取り巻く具体的な状況とその中にある主体の属性や背景，意図が表れる。すなわち，読者は「物語」をモザイク状に構成することばの背後に，具体的な社会的・歴史的な衣装をまとった話者たちの像を見出すことができるのである（バフチン，1996, p. 149）。

2 「物語」を読むということ

(1) Voicing としての読書行為

読者は「物語」を読む過程で物語言説に自身の「声」を付与している。音読という営みが端的に示すとおり，「読む」ということは，提示された文字の連なりに読者が独自のリズム，イントネーション，アクセント等を与えることである（石黒，1990）。佐藤（1996）や Knoeller（1998; 2004）も，バフチンの「声」の概念を踏まえて，「物語」を読むということを語り手や登場人物のことばを自己の中に引き入れ，次の新たな自らの声として出していく活動ととらえる議論を行っている。

読者は，「物語」を読む過程において，物語世界の出来事の当事者，あるいは，それを語る存在，また，その語りを聞く存在といった複数の役割を担う。それは，物語言説（語り手のことば）に，その主体の「声」だけでなく，聴き手や場の「声」が反映されているからである（「発話の対話的定位」（バフチン，1988））。読者は「物語」を読む際，自らの「声」を，これらの「声」と対話的にかかわらせる。読者の「声」は，物語言説を通して，「物語」の出来事をめぐる様々な「声」と重なり，対立し，応答し合うことになる。

伝統的な文学教育研究において，出来事の当事者の「声」とそれを語るものの「声」の二声性，すなわち，語り手の意識の景観と登場人物の行為の景観の二重性は，「物語」の視点の問題として議論されてきた。例えば，第1節の1「文学教育の目標」で紹介した，西郷（1998）の〈内の目〉と〈外の目〉に依拠した教材分析もこれに当たる。また，西郷以外の論者が行っている視点の議論では，その視覚的イメージの起点として「語り手」と「特定の登場人物（視点人物）」とを分けるだけでなく，さらに後者に対し，1人称（「私」）で言及されるか，あるいは3人称で言及されるかという区分を設けている（e.g., 井関，1986; 藤井，1988; 長尾，1990; 望月，1994）。

ただ，Voicing として読書行為をとらえる立場からは，物語言説における

「視点人物」の人称は考慮しなくてもよい問題と考えられる。それは、「物語」の語り手が他者の心中に入り込み、他者の心情を〈代弁〉するという特権を有しているためである（西郷、1978）。いわゆる「視点人物」について、語り手が1人称で言及するか、あるいは3人称で言及するかという違いは、「物語」の出来事についての読者の理解に対して本質的な影響を及ぼすことはないと考えられる。読者は「物語」を読むとき、他人の心を直接的に知ることはできないという現実世界の制約を越えて、「彼は——と考えた。」という言説を、他者の内面を知ることが可能な虚構世界を受け入れている。つまり、読者は、「ごん」や「メロス」という固有名詞で呼ばれる登場人物自身しか知り得ないことであっても「私」のことと同様に語りうる語り手のことばに「声」を重ねるのである。

(2) 出来事に対する読者の意識のあり方

「物語」の語りのあり方は、読み手の経験に影響を与える。トマセロ（2006）によると、言語記号は本質的に、間主観的で、視点依存的であり、他者に知覚・概念的状況についてある特定の解釈をさせ、注意を向けさせるために使われるとされる（p. 170）。つまり、「物語」において提示される出来事は、その提示が言語記号によって行われるがゆえに、読者、あるいは聴き手に特定の側面を向けるように仕向けられているということである。読者は、「物語」を読んでその虚構世界を理解しようとする過程において、語り手が採用している特定の視点によって特定の解釈や注意の方向をうながされる。ゆえに、小説家は、虚構の登場人物やその行動に対する読者の感情的・倫理的反応に影響を与えようとして、物語を語る視点の設定に工夫を凝らすのである（ロッジ、1997、p. 44）。

西郷文芸学の視点論は、このような「物語」の語りの仕組みと読み手の経験としての読書行為とを関連付けるものであり、それは、今日の文学教育研究においても高く評価されている（cf., 田近、1998; 山元、2005）。ただ、文学的

文章のことばのあり方を示す〈内の目〉・〈外の目〉を読み手の体験としての「同化」・「異化」に直接的につなげている点については検討すべき課題と考えられている（宇佐美，1983）。

　物語言説におけることばのあり方と読み手の反応とのかかわりについて，「物語」のことばの仕組みの側に着目しながら理論的な検討を行ったのが受容美学の提唱者イーザー（Wolfgang Iser）である。物語学の研究者たちが「物語状況」として議論した内容について，イーザー（1998）は，「語り手」，「登場人物」，「筋」，「虚構の読者」の相互に関連する4つの要素からなる「遠近法」（perspektive）という術語を用いて議論を行っている（p.60）。「物語」の「遠近法」と読むという行為における読み手の「視点」（Point of View）設定との関係について，イーザーは次のように説明する。

　　　個々の遠近法は，行為構造の面では，読者のイメージを喚起する契機となる。読者はその指示に従って表象行為を行い，さまざまな遠近法をあれこれ結びつけてみて，テクストの言語が暗示はしているが直接指示は行っていないものを思い浮かべる。読書過程にあっては，ひとたび作り出されたイメージが，新たな指示を統合する段になると効果を失い，また新たなイメージを必要とするといったことを繰り返した結果，一連のイメージのまとまりが得られる。こうしたイメージの補正によって，同時に視点の修正もたえず行われる。つまり，イメージ形成につれて，そこでとるべき態度が変わるために，視点はたえず修正されなければならないが，このようにして読者の視点と遠近法の共通点とは，表象行為が続けられるうちに相互に密接に結びつき，そこからテクストの意味が構成されてくる。
　　　　　　　　　　　　　　　　　　　　　　　　　　　　（1998, pp. 61-62）

読書行為の過程において，読み手が，虚構テクストの「遠近法」を契機として，自らの構築する虚構世界の出来事を対象とする視点を修正していく機制が説明されている。

　心理学における実証的な研究においても文章のいわゆる「視点」と読者の視覚的イメージの起点である視点とは1対1で対応するわけではないことが明らかにされている（福田，1995）。古屋・田代（1989）は，絵本の受容過程

の検討において，幼児であっても，カメラアングルや人物キャラクターだけに規定されることなく，能動的に視点を移動して複数の登場人物とかかわることを示している。西郷の用語で言えば，〈内の目〉が「同化」体験を，〈外の目〉が「異化」体験を促すことはあっても，それらが読み手の出来事のとらえ方をそのまま決定するわけではないということである。読み手は，「物語」を読み進めるなかで自らの視点を設定し，それを修正しながら虚構世界の出来事とかかわり独自の体験をするのである。

　読み手は「物語」を読むとき，物語言説に備わる視点性の様態を意識しながら，他の要因にも影響を受けつつ能動的に視点を修正し読書を行っていると考えられる。心理学的な研究において，読み手それぞれの個性的な読みの成立につながる，「物語」との相互作用に由来する複数の要因のあることが明らかにされている。例えば，「物語」の主人公と読み手の性別や年代などの属性間の共通性（Schank, 1979），「物語」の登場人物の性格と読み手の性格の類似性（Komeda, Kawasaki, Tsunemi & Kusumi, 2009；米田・楠見, 2007），「物語」の登場人物の感情と読み手の感情の相互作用（Dijkstra et al., 1994），読み手が文章の内容についてもつ知識（Means & Voss, 1996），話題についての個人的特性や感情のかかわり（Anderson & Pichert, 1978）などである。読者の視点設定も，このような要因に影響を受けていると考えられる。ただし，このような要因に由来する読みの相違が国語科の授業における協働的な読みの深まりにどうかかわっているかは，十分に検討されてきていない。本研究における課題のひとつととらえられる。

　読者の視点設定に影響を及ぼす物語言説の視点の様態は，つねにはっきりとしているわけではない。映像メディア，例えば，映画は登場人物等の対象をとらえるカメラの位置を決めることなしに内容を構成し得ない。「物語」のメディアには，対象を認識する主体の位置や意識のあり方の曖昧な部分が存在する。たとえば，カギ括弧でくくられた人物の台詞である。そのような視点の位置の曖昧な文を理解する場合，その前後の文にある主観性を示す表

現をもとに，いったん読み手がある人物の視点を構築したら，それ以降は明らかに別の人物の視点であることを示す表現がでてくるまで，誰の視点か曖昧な場合もその人物の視点として解釈するということが考えられる（赤羽，2007）。このことにかかわり，福田（1995）は，実験的な研究によって，中立的な視点表現の文を読む際，読者がそれまでに作り上げた視覚的イメージに合うような視覚的イメージの視点を設定するという知見を見出している。読み手は，物語言説の中のいわゆる「視点」の曖昧な文に対して，それまでの自分の読みのあり方に応じて自分なりの視点を設定すると考えられる。

　読み手が能動的に視点を動かしてみることは，「物語言説」としてあからさまには表現されていない状景について，それがどのように見えるものかという問いを生成することにつながる（宮崎，2008）。これまでの国語の授業実践の文脈でも，発問によって読み手の視点を動かすということが，指導上の有効な手だてとして考えられてきた。例えば，鶴田（1999）は，「大造じいさんとがん」について，「視点人物と対象人物：この物語は誰の視点から語られていますか。それが分かる所を抜き出しましょう。」，「視点の転換：残雪の視点から語られている箇所がありますか。あるとすれば，それはどんなことを表しているのか，話し合いましょう。」という「学習の手引き」を示している（pp. 68-69）。国語科の授業実践では，このような課題を解決することを通して「物語」の出来事についての意味づけを多重化していくことが子どもに期待されているのである。

3　文学教育のための物語論

⑴　「焦点化」概念

　物語を言語コミュニケーションの一つの形態としてとらえる理論的な立場から「視点」の概念を洗練し，さらに「物語」の構造を分析するための体系だった概念枠組みを構築したのがジュネットである。彼の物語論において，物語は，「物語内容（histoire/story）」：語られた出来事の総体，「物語言説

（récit/discourse）」：それらの出来事を物語る，発話されるか書かれるかした言説，「語り／物語行為（narration/narrating）」：かかる言説を生み出すところの現実または虚構上の行為，つまり語るという行為そのものという3者から構成されると定義されている（ジュネット，1985a; 1985b）。この3者の関係は，物語行為によって，物語内容とその物語言説とが同時に創り出される（案出される）のであり，それゆえに物語内容と物語言説は，いかなる意味でも分離不可能であると説明される（ジュネット，1985b, p.18）。

　ジュネット（1985a）は「視点」概念に依拠する議論において「どの作中人物の視点が語りのパースペクティブを方向づけているのか，という問題と，語り手は誰なのか，という全く別の問題とが，あるいはより端的には，誰が見ているのか，という問題と，誰が語っているのか，という問題とが，混同されている」（p.217）という課題意識から，「視点」に代わる概念を模索した。バフチンの言語論を踏まえて考えると，物語行為という言語コミュニケーションにおける発話，すなわち，物語言説には，その担い手である語り手の「声」と聴き手のそれぞれの「声」が反映されていることになる。この二者の関係を取り立てて検討するために，ジュネット（1985a）は，自らのナラトロジーに，語りの状況ないしは審級ー，およびそれを支える2人の主要人物，つまり語り手とその現実的もしくは潜在的な相手が含まれる「態」（voix）のカテゴリを位置付けている。これは，誰が誰に向けてどのように語っているのかということ，すなわち，「誰が語っているのか」にかかわる，物語言説が示す語り手と聞き手の関係についての部門である。

　「態」の一方で，ジュネット（1985a）が，物語言説における出来事の再現の諸様態として設定したのが「叙法」（mode）である。「叙法」とは，物語言説において物語内容の出来事がどのようにとらえられているか，すなわち「誰がみているのか」にかかわる，語り手と虚構世界との関係についてのカテゴリである。

　この部門，すなわち，語り手と虚構世界との関係のあり方を分析する概念

として彼が提唱したのが「焦点化」(focalisation) 概念である。「焦点化」の特徴は，語り手が物語内容である出来事について特定の登場人物の知覚や意識を通して語るという情報制禦のあり方を限定的に取り上げる点にある。物語言説の「叙法」と「態」とを区別し，「焦点化」概念に基づいて議論を行うことで，物語言説と物語内容の関係に限定した考察が可能となる[6]。

　文学教育についての議論において，視点ではなく，「焦点化」の概念に依拠して議論をおこなうことのメリットは，読者の文学体験をその特徴に応じてより的確に捉えることが可能になる点にある。国語科の「物語」の授業では，出来事についての多重的な意味づけが志向され，子どもたちは「物語」に出来事を見出し，それを相対的に関連付け，出来事のイメージを精緻化していく。その過程で，子どもたちは「物語」のことばの多様な「声」に自らの「声」を重ねる。「焦点化」への着目は，「物語」の語りにおける出来事への言及のあり方を考慮しながら，「物語」について Voicing を行う子どもたちの出来事への意味づけのあり方を精緻に検討することを可能にする。

(2)　「焦点化」の主体とタイプ

　伝統的な「視点」に代えてこの「焦点化」という術語を用いることは文学研究の領域での「物語」をめぐる議論において一般的なものとなりつつある (Prince, 2001; カラー, 2003; 廣野, 2005: Rimmon-Kenan, 2002; Bal, 2009; Schmid, 2010)。ただ，「焦点化」概念の物語言説への適用のあり方やタイプの分け方については，研究者の間で一致をみていない点がある。その意見の対立は，それぞれの研究者の物語学 (narratology) の体系の違いに由来すると考えられている (cf., 遠藤, 2001)。以下，本研究が関心を寄せる読者の文学体験と

6　なお，「視点」という術語が「視覚」だけでなく，「聴覚」や「嗅覚」による認識の起点を指示していたという問題も，「焦点化」という術語の中立性によって克服されることになる。「ふと耳に，潺々，水の流れる音が聞こえた。」(「走れメロス」の一節) という物語言説が誰の意識を通じて対象をとらえたものか考える場合に，「視点」という視覚によった術語を持ち出して議論せずにすむということである。

28 　第 I 部　本研究の問題と目的

のかかわりから，「焦点化」の主体とタイプという 2 つの点について検討を
行う。

　第 1 の問題は，「焦点化」を誰が行うかという問題である。ジュネットの
「焦点化」概念の提唱を受けた Bal（2009）や Rimmon-Kenan（2002）は，こ
の概念を独自に発展させ，「焦点化」を行う主体を「焦点人物（focalizer）」，
その対象を「被焦点化子（focalized）」とし，この組み合わせで分析を行うこ
との有効性を主張した。これを批判するジュネット（1985b）は，ある登場
人物が焦点化された焦点主体（別の登場人物）によって第二次の焦点化を受
けるというバルの事例分析に対し，次のようにコメントしている。

> 　焦点化を行う作中人物というのも，焦点化された作中人物というのも存在しな
> い。焦点化されたという表現は物語言説そのものにしか適用し得ないし，また焦
> 点化を行うという表現は，たとえ何者かに適用されるとしても，それは物語言説
> に対して焦点化を行う人物すなわち語り手——あるいは虚構の約束から逸脱して
> もかまわないなら，作者その人，言い換えれば焦点化を行う，または行わない権
> 限を語り手に譲渡する（あるいは譲渡しない）人物——に対してでしかないはず
> だ。

(p. 77)

　ここに見られるような議論の対立の大本には，それぞれが「物語」の「語
り手」をどのようにとらえているかという問題があると考えられる。「語り
手」については，文学研究者によって様々な概念が提唱されている。三人称
小説において，読者に物語の内容を媒介する人格化された語り手である「局
外の語り手〈auktorialer Erzhäler〉」（シュタンツェル，1989）や，物語世界外
的（extradiegetic），物語世界内的（intradiegetic），異質物語世界的語り手（het-
erodiegetic narrator），等質物語世界的語り手（hemodiegetic narrator），内包さ
れた作者（implied author），不在の語り手（absent narrator），見えない語り手
（covert narrator）など様々なタイプが提唱されている（プリンス，2015, pp. 135-
136）。福沢（2015）は，これらの概念を踏まえ，さらに我が国の古典文学研

究の知見を加味することで物語の表現主体について9つの階層を想定して議論を行っている。個別の作品を分類するという目的からすると，「語り手」に詳細なタイプを設定することは理にかなったアプローチだと思われる。

　前出の引用におけるジュネットの「語り手」概念はこれらに比較してより限定的なものとしてとらえられる。引用文には，「焦点化を行う作中人物」がおらず，「物語言説に対して焦点化を行う人物」がすなわち「語り手」とある。彼がここで「語り手」といっているのは物語言説の直接的な担い手であり，物語内容の「登場人物」とは明確に区別される存在である。

　「物語」の「語り手」をどのように定義するのかという問題は，いわゆる「語りの『審級』」，すなわち，「暗黙の作者」，「語り手」，「聴き手」，「暗黙の読み手」等の関係についての議論とかかわっている。文学研究の領域では，この問題について研究者間で意見の対立があり，未だ決着を見ていない（e.g., ジュネット，1985a; 1985b; 廣野，2005; Rimmon-Kenan, 2002; Bal, 2009）。このうちジュネットの物語論は，バンヴェニストの発話行為論を基礎としており，語り手をひとりの「人物（＝人格）」とみなし，私たち現実界に生きる発話者と同等にとらえる姿勢がとらえられる（青柳，2001）。そこには，バフチンの言語学における姿勢と通底するものがある。Voicing として読書行為をとらえる本研究の立場からは，「語り手」をひとまとまりの物語言説に対応するひとつの人格としてとらえることが妥当だと考えられる。

　第2の問題は，「焦点化」のタイプについてである。ジュネット（1985a; 1985b）は，「焦点化」のタイプとして，①虚構世界について充全な情報をもった語り手がその意識から出来事を語る「非焦点化」，あるいは「焦点化ゼロ」，②あらゆる知覚の虚構上の「主体」となる，ある登場人物の意識を通して出来事を語る「内的焦点化」，③語り手が選んだ物語世界のある一点，ただしどの作中人物でもないある一点から出来事が語られる「外的焦点化」の3つを挙げている。これの3区分に対して，Bal（2009）は，①②が対象をとらえる主体の側からの命名であるのに対して，③だけがとらえられる対

30 第Ⅰ部 本研究の問題と目的

象側からの命名である点について整合性に欠けると批判を行っている。

　この概念枠組みの不整合は，「焦点化」概念によって作品の分類を行おうという誤った意図によって生じたものと考えられる。ジュネット（1985a）では，シュタンツェルやフリードマンが示した「物語状況」の諸タイプとの対応を図る形でこれらの「焦点化」のヴァリエーションが示されている（pp. 217-246）。さらに，「内的焦点化」については，個別の作品をより細かく分類する目的から，下位カテゴリとして「内的固定焦点化」，「内的不的焦点化」，「内的多元焦点化」が設けられ，それぞれ該当する作品名が挙げられている。しかし，本来，「焦点化」は個別の作品の分類を行うための概念ではなく，物語言説について文の単位で出来事に対する語り手の意識という側面に限定して分析するための概念である。ジュネット自身も，このことについて「焦点化の公式は，必ずしもある作品の全体に関わるものではなくて，むしろ，ひとつの限定された物語の切片―ごく短いものであってもかまわない―にのみ関わるもの」（1985a, p. 224）と表現している。日本語学の領域でも，単一の文の内部において人物などの指示対象に対する語り手の自己同一視化の度合に論理的矛盾が含まれてはならないという構文の原則がよく知られている（久野, 1978）。「物語」は同じ出来事に関する複数の違った見方を提示することができるが，一度に提示できるのはひとつの見方だけである（ロッジ, 1997, p. 44）。このような前提に基づいて，物語言説の全体ではなく切片を対象として分析する概念として「焦点化」のタイプ区分を考える必要がある。

　「焦点化」のタイプを，とらえる主体の側から出来事の構成素である登場人物を基点として二つに区分することについては先行の議論においても共通して認められている。この区分は，出来事に対する主観的意味づけと客観的意味づけの統合に特徴づけられる文学体験という本研究の関心にも沿うものである。この場合，物語内容に対する語り手の情報制禦のタイプとしての「焦点化」は，物語言説の語り手が物語内容について①特定の登場人物の意識を通してとらえる語り方（「内的焦点化」），②語り手そのものの意識からと

らえる語り方（「非焦点化」，「外的焦点化」），の二種類に区分される。このように
にタイプを整理することで，「焦点化」は，物語言説の叙法，すなわち語り
手が出来事をどのようにとらえているかを登場人物との関係から分類するシ
ンプルな概念として再定義される。

第3節　本研究の理論的枠組み

　前節までに，生徒が国語の授業において「物語」についての読みを協働的
に深める過程について実証的な研究を行う上での課題を検討するために先行
の議論のレビューを行った。

　まず，「物語」についての読み手の文学体験が，虚構世界の出来事や登場
人物に対する客観的意味づけと主観的意味づけとを統合する過程として考え
られてきたことを確認した。そして，我が国の文学教育実践の展開を概観し，
実践の積み重ねの中で一人ひとりの子どもの読みを大事にすること，書く活
動によって子どもが自分と向き合う機会を保障すること，子ども同士を対話
的にかかわらせることの価値が見出されたことを確認した。さらに，「物語」
を読む授業を対象とする研究において，協働的な読みの深まりという教室談
話の生成的な側面に注意が十分には払われていないこと，「物語」に描かれ
る対象に対する主観的意味づけと客観的意味づけとを子どもが統合する過程
について十分な関心が向けられていないことを確認した。そのうえで，この
ような研究課題について検討するために社会文化的アプローチをグランドセ
オリーとする教室談話分析が有効な方法として考えられることを述べた。

　次に，読むという行為の対象となる「物語」の特徴，「出来事の選択的な
構造化」，「視点の二重性」，「他者への志向」のそれぞれについて議論を行っ
た。始めに，「物語」に出来事を見出し，それを相対的に関連付けていくこ
とと，見出した出来事のイメージを精緻にしていくことが「物語」を理解す
るプロセスにおいて重要であり，それらが分かちがたい関係にあると考えら

32　第Ⅰ部　本研究の問題と目的

れることを述べた。続いて，「物語」のことばに，出来事に対する多層的・多面的な意味づけにかかわる複数の「声」（バフチン，1996）がとらえられること，「物語」のことばを言語コミュニケーションのヴァリエーションの一つとしてとらえるべきことを確認した。

　さらに，読書行為を Voicing としてとらえ，読者と語り手，登場人物，聴き手の関係についてバフチンの「声」の概念を手がかりに分析しうることを議論した。続いて，ジュネットを始めとするナラトロジストの議論を概観し，「語り手」，「焦点化」の概念について整理を行った。

　本節では，上記のような議論を踏まえ，「物語」についての読みの交流における生徒の学びを教室談話という社会的文化的な状況に位置づけて明らかにするために，どのような立場から何を分析するのかという理論的枠組みについて論じる。

1　行為を媒介する文化的道具への着目

　生徒が国語の授業において「物語」を協働的に読み深めていく過程は，その教室の文化的，制度的，歴史的文脈と切り離して考えることができない。このような社会的なコミュニケーション過程と個人の心理的な過程との密接な結びつきに注目しながら人間の行為について分析・考察を行う研究上の立場のひとつに「社会文化的アプローチ」（ワーチ，2002; 2004）がある。社会文化的アプローチの基本的なアイディアは，ヴィゴツキー（Vygotsky, L. S.）の言語にかかわる諸能力（高次精神機能）についての議論に，その起源を求めることができる。ヴィゴツキー（2003）は，高次精神機能について次のように述べている。

　　　あらゆる高次精神機能は子どもの発達において二回あらわれます。最初は集団的活動・社会的活動として，すなわち，精神間機能として，二回目には個人的活動として，子どもの思考内部の方法として，精神内機能としてあらわれます。

(pp. 21-22)

このように考えることは，個人の学習・発達を「内的世界で動く外的世界」（ダニエルズ，2006）の獲得過程として記述することを可能とする。他者とのコミュニケーションを媒介する言語は，自己とのコミュニケーションをも媒介する，すなわち，人は言語によって自己をコントロールすることができるのである（高木，1998）。「物語」についての読みの交流を通して新たな読みの可能性がひらかれていく教室談話の過程は，「物語」を読むということにかかわる生徒個人の学習を予測するのである。

　社会文化的アプローチでは，人間の行為（action）が記述と説明の対象とされる。このことについて，ワーチ（2004）は次のように述べている。

　　　分析に際して，行為を優先するということは，人間を，行為を通して自身はもとより，環境と接触し，創造するものとみなすということなのである。このように行為は，人間や環境をバラバラなものとしてとらえるのではなく，それらをひとつの単位としてとらえて分析をはじめていく際の入り口を与えてくれる。この考えは，人間を環境からの情報を受動的に受け取る存在として考える立場や，他方，個にのみ着目して環境を二次的にしか扱わず，環境は単に発達の過程を刺激するだけだと考えるようなアプローチとは，いずれも対比されるものである。

（pp. 23-24）

行為を観点として人間の精神を論じることで，人間を，自身のおかれた環境において受動的に振る舞うだけの存在でなく，自身を取り巻く環境を能動的に変えていくことのできる存在としてとらえることが可能になるというのである。行為に着目して授業過程を分析することによって，教室は実践的活動において個人の目標と知識が，社会の目標と制度に出会い，合流するアリーナ（舞台）として意味づけられ，そこで繰り広げられる個人と他者の対立と融合によって形成される活動の過程として教室の事象が描写されることになる（コール，2002）。

　人間の行為は，社会文化的アプローチにおいて，文化的道具（cultural tools）という媒介手段を用いて行われるものとして説明される（「媒介された

34 　第Ⅰ部　本研究の問題と目的

行為（mediated action）」（Wertsch, 1985; ワーチ，2002; 2004））。この人間の行為を媒介する道具は，技術的道具と心理的道具に分けられる。技術的道具とは，箸やドライバー，のこぎりなど，人間が働きかける対象をコントロールする機能を持つ外面的活動の手段であり，心理的道具とは，言語，記数法，記憶術，代数記号，芸術作品，文字，図式，図表，地図，設計図などのあらゆる種類の記号を指し，他者あるいは自分の行動を外部からの刺激の助けを借りてコントロールする機能を持つ内面的活動の手段である（塚野，2012）。ヴィゴツキー（1970）は，これらの道具が組み合わされて使用されることで高次な心理機能が可能になると述べている。国語の授業において「物語」を読むという行為も，筆記具のような技術的道具と日本語や読解方略のような心理的道具に支えられて初めて成立するものである。

　社会文化的アプローチにおいて，学習は，「習得（mastery）」，すなわち，媒介手段をすらすらと使用するための方法を知ることと，「専有（appropriation）」，すなわち，他者に属する文化的道具を取り入れ，それを自分のものとすることが複雑に絡み合った過程として定式化されている（ワーチ，2002, pp. 51-64）。この「専有」は，ヴィゴツキーの「内化」概念をバフチンの言語論の「言語は（本質的に）個人の意識にとっては，自己と他者の境界に存在するものである」（バフチン，1981, p. 296; 1996, p. 66）というアイディアを手がかりに発達や学習のある形態として精緻化したものである[7]。田島（2003）によると，「習得」と「専有」は，共同行為の中での学習においては，習得は常に専有を喚起し，専有は常に習得を喚起するという形で，常に共時的に存在するとされる（田島，2003, p. 236）。「物語」の授業における談話過程を分析の対象とした先行研究では，他者の読みのリソース（テキストの文脈かそうでないかの水準）（松本，2006）や情景描写の象徴機能（藤森，2009）に

---

[7] 「専有」は，比較的長い時間の学習を想定する概念であり，短時間の発話データについての分析概念としてこれを導入し，間接話法と直接話法の使い分けなどで談話構造の分析を行うことについては，概念が混乱を招きやすいとの指摘がなされている（cf., 佐藤，2007）。

ついての学習者のメタ認知的な気付きといった「習得」への着目がなされているものの，「専有」に着目した分析は今後の課題として残されている。

本研究は，「物語」についての読みの交流という社会的なコミュニケーション過程とそこでの生徒の学習とのかかわりに関心を寄せる。よって，社会文化的アプローチの立場から「物語」を対象とする生徒の行為の記述と説明を行うこととする。そのために「物語」を読むという行為を媒介する道具に注意を払う。第2節の議論から，「物語」を読むという行為を媒介する文化的道具として，出来事の語りにおける「声」のあり方に着目する。「発話の対話的定位」（バフチン，1988）の理論的視座に基づき，言語コミュニケーションとしての物語行為と「物語」の出来事をめぐる教室談話の発話を「声」の概念によって関連付けながら分析を行う。

なお，行為者による文化的道具の選択は，その行為が行われる社会文化的な環境と切り離して考えることはできない。行為を媒介する道具は複数あり得るものの，ある特定のコミュニティにおいてはある特定の道具の使用に価値が置かれる。このような場合，たとえ他の媒介手段を想定することができたとしても，ある特定の媒介手段がその使用者に対してそれが適切であること，さらには唯一の可能な選択とさえ思わせることがある。これをワーチ（2004）は「特権化」（privileging）と呼んでいる。「物語」の授業において特定の媒介手段が行為の主体に採用されるこのような過程についても事例の分析を通して検討を行う。

2 「焦点化」概念を用いた分析

本章第2節の議論を踏まえ，本研究における物語論を構成する諸概念とその関連について次の通り整理する。

・物語を「物語行為」，「物語言説」，「物語内容」から構成されるものととらえる。

36　第Ⅰ部　本研究の問題と目的

- 「物語言説」は「多声性」によって特徴づけられる。
- 物語では「出来事」が語られ，「出来事」は物語によって見出される。
- 「物語言説」によって「出来事」は読者，あるいは聴き手に対して特定の側面を向けるよう仕向けられる。
- 発話（「物語言説」を含む）に，主体の属性や背景，意図の反映される「声」だけでなく，その具体的な言語コミュニケーションの相手（対象）やその場を取り巻く状況や場面の「声」が反映されている。

　発話に反映される様々な「声」のうち，「物語」の出来事についての主観的意味づけと客観的意味づけの統合を特徴とする読者の文学体験を捉えるために，発話の「焦点化」に着目して分析を行う。「焦点化」概念については次のとおり整理する。

- 「物語言説」に対して「焦点化」を行う主体を「語り手」とする。
- 「焦点化」概念によって，発話者の「出来事」のとらえを「登場人物」による媒介の有無から記述する。
- 「焦点化」の様態として，①(特定の登場人物への) 焦点化と②非焦点化の２つのタイプを区別する。
- 「焦点化」概念によって分析する単位を文とする。
- 読者が構成する視覚的イメージの起点を示す術語として「視点」を用いる。

　ここで，この物語論の枠組みにおける「焦点化」概念に基づく物語言説の分析の手続について具体的に確認しておこう。物語言説における登場人物への焦点化を区別する「最低基準」として，ジュネット (1985a) は，問題となる切片を一人称に書き直したときに，その文法的代名詞の変化そのものを除いて言説のどのような改変をも生じさせないことを挙げている (p.226)。西

郷（1998b）も，新美南吉の「かげ」の物語言説分析において「からす」という三人称の代名詞に，「わたし」という一人称の代名詞を代置することで「内の目」による語りと「外の目」による語りを区別している（p. 146）。このような操作において，登場人物への焦点化がなされていない，すなわち非焦点化で語られた物語言説を特定できると考えられる。しかし，日本語において助詞「は」が，文の主語ではなく文の主題を提示するという議論（三上，1972; 庵，2001）から示唆されるように，この代置によって意味論的な問題が生じなかったからといって，その言説がある登場人物へ焦点化されたものであることを特定できるわけではない。加えて，もともと一人称で語られている物語言説における判断や述語に対応する主語が立てられていない文についての判断については，この基準だけでは判断することはできない。

　登場人物への焦点化の判断は，物語言説において言及される出来事にかかわる主観性，あるいは主体性を示す表現の有無にかかわっていると考えられる。日本語表現における主観性，主体性について論じた澤田（2011）や清水（2010）の議論を整理すると，「焦点化」の様態の標示として，次のような表現を挙げることができる。

・「お父さん」や「ここ」，「昨日」，「来る」などの出来事における対象の取り方にかかわる表現（ダイクシス）
・受身表現，使役表現，「あげる」や「もらう」などの授受表現（ボイス）
・主観的把握を反映する主語の省略
・内的な感情や評価についての表現
・「しなければならない」や「おそらく」などのモダリティ表現

本研究では，上述の操作の結果やここに示した標示表現を手がかりとして物語言説の焦点化の様態について判断を行うこととする。

　焦点化概念による物語言説の分析のあり方を具体的に確認するために，新

38　第Ⅰ部　本研究の問題と目的

美南吉「ごんぎつね」から抜粋した「6」の場面の文章を取り上げる。この部分を対象とするのは，国語科教育の教材研究において，この場面の「視点」のあり方が西郷（1968）以降，様々に議論されてきたためである（e.g., 井関，1987; 藤井，1988; 長尾，1990; 鶴田，1993; 望月，1994）[8]。参考までに，下に示した「ごんぎつね」の引用では，研究者によって「視点」のあり方についての判断が分かれている文について下線を施してある。また，焦点化の様態についての判断を説明する便宜上，一文ごとに丸数字を付与した。

　　その明くる日もごんは，くりをもって，兵十の家へ出かけました①。兵十は物置でなわをなっていました②。それでごんは家の裏口から，こっそり中へ入りました③。
　　そのとき兵十は，ふと顔をあげました④。ときつねがうちの中へはいったではありませんか⑤。こないだうなぎをぬすみやがったあのごんぎつねめが，またいたずらをしに来たな⑥。
　　「ようし。」⑦
　　兵十は立ちあがって，なやにかけてある火なわじゅうをとって，火薬をつめました⑧。
　　そして足音をしのばせてちかよって，今戸口を出ようとするごんを，ドンと，うちました⑨。ごんは，ばたりとたおれました⑩。兵十はかけよって来ました⑪。うちの中を見ると，土間にくりが，かためておいてあるのが目につきました⑫。
　　「おや」と兵十は，びっくりしてごんに目を落しました⑬。
　　「ごん，お前だったのか。いつもくりをくれたのは」⑭
　　ごんは，ぐったりと目をつぶったまま，うなずきました⑮。
　　兵十は火なわじゅうをばたりと，とり落しました⑯。青いけむりが，まだつつ口から細く出ていました⑰。

8　山本（1995）は，これらの議論に見られる教材解釈の相違について，シュタンツェル（1989）の「物語り状況の動態化」（pp. 47-63）に依拠しながら「ごんぎつね」の該当部分を分析し，任意の場面がひとつの視点によってすべて語られるという前提が誤りであること，「全知視点」，「限定視点」というような人称と関連付けられる視点論に限界があることを指摘している。さらに，松本（1997）は，これらの議論における解釈の違いを整理し，それぞれの視点概念について，「登場人物の視点」が指示する内容に幅があること（語り手が登場人物の心の中に入り込むことと単に寄り添うことの両方が登場人物の視点で指示されること），読者の理解に対する扱いの違いがあることを指摘している。

（新美南吉「ごんぎつね」平成23年発行『ひろがる言葉小学国語　4下』教育出版 pp. 40-41）

①の文は，「そのあくる日も，わたしは，くりをもって，兵十の家へ出かけました。」と書き換えることができる。しかし，焦点化の標示表現は見当たらない。「ごん」への焦点化は特定できない。この文では「兵十の家へ出かけ」る「ごん」が主題化，すなわち対象化されている。まず「ごん」が取り上げられ，この出来事に不在の「兵十」の「家」へ「出かけ」るという登場人物の関係表象から，①～③では，読み手は「ごん」の側から「兵十」を見る視点設定を促されるものと考えられる。

⑤⑥の文では登場人物へのはっきりとした焦点化がとらえられる。この2文は，「兵十」の意識を通して「ごん」の行動についての解釈を語っているととらえることができる。⑤では「兵十の家」（①），「家」（③）と呼ばれていた場所に「ごん」の入る様子が「きつねがうちの中へ」と語られている。また，⑥では「ごん」に対する「こないだうなぎをぬすみやがった」という過去の因縁についての具体的な表象のあり方と「ごんぎつねめ」という蔑みを込めた呼称が標示表現となっている。

次に，登場人物へのはっきりした焦点化がとらえられるのは⑪である。「兵十」が「かけよって来」るという表現は「ごん」への焦点化を示している。この直前までの⑦～⑩の文においては，焦点化の様態をはっきりと決定できる標示表現が見当たらない。ただ，物語言説の切片におけるはっきりとした焦点化は，後続の物語言説において言及される出来事に対する読み手のとらえ方にある種の方向づけを与えると考えられる（福田，1995；赤羽根，2007）。この⑦～⑩は「兵十」に焦点化された⑤⑥の文の影響下にあり，読み手はこの⑦～⑩を「兵十」に意識を重ね，あるいは意識を寄せて出来事をとらえることが予想される。このように物語言説において，焦点化された部分によって，その前後の範囲に対して出来事に対して特定の視点設定を読み

40　第Ⅰ部　本研究の問題と目的

手に促すあり方を「語りの基調」と呼ぶことにする。

　なお，物語言説からとらえられる物語行為の相手である聞き手（読み手）に対する語り手の態度（「態」）の具体について確認しておこう。⑫の文の語りは，「うちの中を見」た人物，つまり「兵十」に焦点化されている。すなわち，この文の「叙法」は，「兵十」の意識を通して語り手が物語内容の出来事に向き合っていることを示している。これに対して，この文の「態」は文末の表現「ました」が示している。助動詞「ます」は，「丁寧語」，すなわち聴き手に対する敬意を示す際に用いられる敬語である。

　「発話の対話的定位」（バフチン，1988）の理論的視座からは，授業における読みの交流で「物語」の出来事が話題となる場合，生徒発話にその出来事に対する態度と交流の相手である他の生徒への態度の両方が反映されているととらえられることになる。本研究では，このうち読者による出来事への言及のあり方に着目し，物語言説のみならず，「物語」の出来事に言及する生徒発話とその連鎖についても焦点化概念によって分析を行うこととする。この分析枠組みによって，話題とする出来事をどの登場人物の意識を通してとらえるのか，あるいはとらえないのかという点において，「物語」の語り手と生徒とが同じ地平におかれることになる。このことは，「物語」を読むという生徒の行為を具体的な「物語」の物語言説と密接に関連付けながら記述することを可能にするだろう。

第4節　本研究の研究課題

1　「物語」の授業を対象とする教室談話分析

　ここまでの議論を通して，国語の授業において生徒が「物語」を他者と共に読むという行為について研究する上で追究すべき課題について検討してきた。第1には，国語の授業において，生徒が協働しながら「物語」を読む過

程について明らかにすることである。第1節の議論で確認したように，我が国の文学教育は，一人ひとりの子どもの読みを大事にし，書く活動によって子どもが自分と向き合う機会を保障し，子ども同士を対話的にかかわらせることに価値をおいてきた。このうち，書く活動と子ども同士の対話的なかかわりは，授業の展開の中のどこに設定されるかによって，その活動の構造やあり方が変わると考えられる。また後者は小グループか全体かという活動のサイズによっても違いがあるだろう。このような点を考慮しながら事例の解釈を行う必要がある。第2には，第2節第2項で指摘した物語言説と読者の相互作用によって生じる相違と協働的な読みの過程の関係を明らかにする必要性がある。第3には，第3節第1項において指摘した，読むという行為を媒介する文化的道具としての「声」が生徒間の対話的コミュニケーションの中でどのように対立，あるいは融合するのか，またその社会的な過程について生徒はどのように個人的な意味づけを行うのかを明らかにする必要がある。第4には，第3節第1項において指摘した特定の文化的道具の「特権化」のあり方について明らかにする必要がある。

2 本研究で検討する研究課題の整理

上記を踏まえ，「物語」を読むという行為と社会的文化的状況である教室談話の諸要素との相互作用を示したのが Figure 2 である。

Figure 2 に基づき，本研究では，物語言説の構造的な特徴に留意しながら，考えを交流することを通して協働的に「物語」を読み深める授業における生徒の読むという行為を教室談話という社会文化的状況に位置づけて明らかにするために，下記の5つの研究課題を設定する。

第1は，教室において「物語」についての読みが深まるということがどのような過程であるのか，物語の基本的な特徴である景観の二重性と関連付けながら明らかにすることである（Figure 2 中の①）。「物語」の出来事をめぐる「声」のあり方をとらえるために，物語言説と生徒発話のそれぞれの焦点

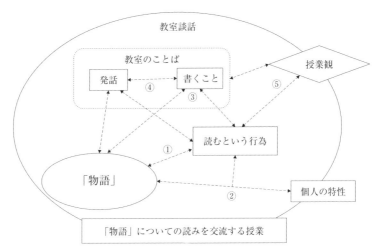

Figure 2 「読むという行為」における社会文化的状況との相互作用

化に着目して分析を行う。

　第2は，「物語」についての読みが協働的に深まる過程において生徒個人の特性がどのような働きをしているのかを明らかにすることである (Figure 2 中の②)。「物語」の登場人物と読み手の諸属性，そして共感の違いによって生成される読みには相違が生じる。その相違が協働的に「物語」の読みが深まっていく過程においてどのように機能していくのかを検討する。

　第3は，読みの交流においてある生徒が他の生徒の読みを取り込む際のその生徒の自己内対話の過程について明らかにすることである (Figure 2 中の③)。授業における生徒の学習をより詳細にとらえるために，話し言葉だけでなく書き言葉にも注目して分析を行うことで，生徒の自己内対話過程に深く迫っていく。

　第4は，授業の振り返りにおいて生徒が行う省察的な自己内対話の過程について明らかにすることである (Figure 2 中の④)。1時間の授業の内部には小グループでの課題解決，教室全体での議論，書くことによる個別の振り返りなど，複数の局面が存在する。授業がこのように複数の局面によって構成

されていることで生徒の読むという行為はどのような特徴を持つことになるのかを検討する。

第5は，その教室談話を形づくる授業観と「物語」の読みの授業における生徒の読むという行為とのかかわりを明らかにすることである（Figure 2 中の⑤）。教師が事前にプランした意図と実際の授業における生徒の姿には必ずズレが生じる。読むという行為のあり方を方向付ける政治性，あるいは権威性について「特権化」の概念を手がかりに検討する。

次章では，これらの研究課題を検討するために，本研究で採用する方法と本研究の構成を述べる。

第2章　方法と本研究の構成

本章では，読みの交流を通して物語を協働的に読み深める過程での生徒の読むという行為を社会的文化的な状況である教室談話に位置づけて描出するという本研究の目的を達成するために実施した方法およびデータの内容を説明する。そしてそれに基づき，本研究の構成を述べる。

第1節　方法

交流を通して「物語」を読み深める授業における教室談話の特徴をとらえ，そこでの読むという行為を検討するために授業観察を実施した。参加観察法（participant observation method）によるフィールドデータの収集である。読みの交流をとらえるために理論的サンプリングを行い，対話的な参加構造の授業実践が志向されている中等教育段階の学級を観察の対象とした。中等教育段階の教室をフィールドとしたのは，読みの交流を通して物語を協働的に読み深める活動に必要な能力の発達的な条件のためである。福田（1995）は，「物語」を読む能力の発達にかかわり，小学校高学年になると視覚的イメージの表象と文章の表象，そして文章を超えた表象を関係づけることができる（この3つの表象の関係が密接になればなるほど，読み手は物語を深く理解する）ものの，それは大学生の行う関係づけよりも密接ではないことを指摘している。また，読解においてより深い処理としての意味へと向かう評価のできるメタ認知的能力は，小学校中高学年以後中等教育段階に大きく発達すると考えられている（秋田，2008）。

観察は，都内の公立中学校（A校）と九州地方の公立高等学校（B校）で行った。対象校の地域が異なるのは，観察の期間中，筆者に異動があったこ

46　第 I 部　本研究の問題と目的

とによる。A校での観察の目的は，読みの交流を通して物語を協働的に読み深める授業における課題や教室談話過程の特徴を明らかにすることである。B校での観察の目的は，このような授業の中の特に自己内対話に着目し，個々の生徒が物語について何をどのように学んだのかを教室談話に位置づけて明らかにすることである。両校での観察は，読みの交流という事象に焦点を当て，それがどのように生起し，どのような経過をたどり，どのような結果に至るかを観察するという本研究の関心から，「事象見本法（event sampling method）」（澤田・南，2001）によって観察単位のサンプリングを行った。

A校での授業観察において，観察者は，授業から一歩距離をおいての自然観察，すなわち非交流的観察を行った。授業実践の流れを乱さないように，教室の片隅に観察場所を確保し，消極的な参加者（passive participation）としてフィールドに参与した（cf., 箕浦，1999）。

B校での授業観察においては，観察者は，授業者として生徒とかかわり合いをもちながら交流的観察を行った。完全な参与者（complete participation）としてのフィールドへの参与である。これは，生徒の内的な過程である自己内対話をとらえるために，読みの交流を行う授業過程に生徒の書く活動を適宜設定し，そこで得たデータを分析の対象とすることを考えたためである。

最後に，Table 1 として本研究のために行った観察と第 1 章第 4 節で挙げた研究課題との対応を示す。

第 2 節　本研究の構成

本研究では，第 1 章第 4 節で示した 5 つの研究課題について，5 部構成，全 8 章の議論を通して検討を行う。

第 I 部「本研究の問題と目的」の第 1 章「『物語』についての生徒の読みの交流を検討する視座」では，先行研究のレビューに基づいて研究の背景を明確にするとともに，本研究の依拠する理論的な枠組みについて検討を行っ

第 2 章　方法と本研究の構成　47

Table 1　本研究の方法と課題の対応

観察実施校	観察の目的	研究課題	章
A校	読みの交流を通して〈物語〉を協働的に読み深める授業における課題や教室談話過程の特徴を明らかにすること	①読みの交流を通して〈物語〉についての読みが深まる過程について明らかにする。	第3章
		②〈物語〉と読み手の個性との相互作用と交流を通した読みの深まりとのかかわりについて明らかにする。	第4章
B校	読みの交流を通して〈物語〉を協働的に読み深める授業における生徒の自己内対話の過程について明らかにすること	③読みの交流において生徒が他の生徒の読みのことばをどのように自らの読みを示す発話に取り込むのかを明らかにする。	第5章
		④生徒が読みの交流を振り返って行う自己内対話の過程について明らかにする。	第6章
		⑤〈物語〉の読みの授業における読むという行為とその授業の基づく授業観とのかかわりについて明らかにする。	第7章

た。そして，先行研究の知見と残された課題を踏まえ，本研究の研究課題を整理した。第 2 章「方法と本研究の構成」では，第 1 章で整理した研究課題を研究する方法として 2 つの学校で授業観察を行うことを説明し，そこで得られたデータに基づく具体的な分析と本研究の研究課題との対応を整理して示している。

　第Ⅱ部「読みの交流を通して『物語』を協働的に読み深める授業」は，焦点化概念に着目した発話分析によって「物語」を協働的に読み深める授業の過程について質的に検討する次の 2 つの章から構成される。

　第 3 章「読みの交流を通して『物語』の読みが深まる過程」では，物語の基本的な特徴である景観の二重性と関連付けて談話過程を分析し，「物語」についての読みが深まる過程がどのように進行するのかを明らかにする。

　第 4 章「『物語』の読みが深まる過程における生徒による役割の相違」では，生徒と「物語」の登場人物との相互作用によって生じる読みの相違が，協働的に読みを深める過程においてどのように影響を及ぼすのかという点に

ついて明らかにする。異なる「焦点化」のあり方を示す発話が談話過程にどのように表れ，それが協働的な読みの深まりにいかなる影響をおよぼすのかという点について検討する。

　第Ⅲ部「『物語』を協働的に読み深める授業における自己内対話」は，読みの交流過程に設定される書く活動によって創り出された生徒の記述に着目し，読みの交流を通した生徒の学習の過程について検討する。

　第5章，「他者の読みの取り込み」では，生徒が発話に他の生徒の発話のことばを取り込む際の自己内対話の過程について明らかにする。読みの交流において，生徒が自らの焦点化は異なる焦点化の読みと出合うことでどのように読みを深めていくのかを検討する。

　第6章，「『物語』の読みの授業における議論と振り返り」では，授業の終末に設定される振り返りにおいて生徒が行う自己内対話過程について検討することを通して，時間的な連続性の中に複数の局面があるという授業の構造と「物語」についての生徒の読みの深まりとの関連について考察する。

　第Ⅳ部「『物語』を読む授業の授業観と教室談話」は，第7章「読むことの授業における権威と特権化」としてB校で観察した授業事例の全体像や枠組みについて検討することを通して，「物語」の読みの授業における権威，すなわち教師の意図する読み方と生徒の読むという行為のかかわりについて考察する。「物語」を協働的に読み深める授業においてある特定の読み方の特権化がどのような手段によって実現されるのかを記述することを試みる。

　第Ⅴ部「総合考察」は，第8章「教室で他者と共に『物語』を読むという行為」からなる。この章では，第7章までの内容を踏まえ，「物語」を協働的に読み深める授業における物語についての生徒の学習について総合的な考察を行い，本研究の意義と今後の課題について整理する。

第Ⅱ部　読みの交流を通して
「物語」を協働的に読み深める授業

　はじめに，第Ⅱ部を構成する第3章と第4章において分析の対象とする授業実践の概要について説明する。

　第3章と第4章で検討する授業事例のデータは，都内の公立中学校A校で行われた国語の授業である。A校の学校規模は，1学年3学級で全校生徒数360人である。観察の期間は2010年9月から2011年10月で，2つの年度にまたがっている。初年度は第2学年の学級を対象とし，次年度は生徒たちの進級にあわせて第3学年の学級を対象とした。

　観察者は，週に1回のペースで学校を訪問し，特定の一人の教師の国語の授業について延べ25時間の授業観察を行った。授業観察終了後，授業者の時間が許す場合には当日の授業の内容にかかわり1時間程度のインタビューを行った。授業の様子を記録するために，教室左横前方で観察者はフィールドノーツを作成するとともに所持するICレコーダによって録音を行った。小グループでの活動時には，ICレコーダをグループの中心に設置して録音した。2011年6月からはこれらに加え，ビデオカメラでの映像撮影も行った。授業時間中，観察者は生徒に話しかけたり話しかけられたりすることはなかった。観察中に生じた疑問等については，授業外の時間に生徒や授業者に質問した。

　授業者は，教職歴20年を超えるベテランの外山教諭（仮名。以下，事例にかかわる個人名はすべて仮名とする。）である。教諭は，2005年頃から協働的な授業に関心を持ち，教室全体での議論の際，机を「コ」の字に配列したり，小グループでの学習活動を授業に導入するなど実践上の工夫を行ってきた。また，外山教諭は対話的な話し合いが行われるような教室の雰囲気作りを心が

け，生徒の発言をつなぐ意識を持って教室談話に参加していた。観察開始時には，どの学級においても互いの意見についてその根拠を意識しながら聞くこと，反対意見を受け入れることなどの話し合いのルールの共有（松尾・丸野，2007）がなされていた。観察中，年度が替わってクラス編成が行われたものの，学年の3学級とも外山教諭が前年度から引き続いて国語の授業を担当した。協働的な話し合いのルールの共有は，学級の成員が入れ替わった後も基本的に維持されていた。

　授業時の生徒の机は，授業の開始時や個別の課題解決学習時には前方に向けられていた。小グループでの学習活動の際には，隣り合って座る男子生徒と女子生徒が向かい合い，前後のペアで机を合わせて男女4人が市松模様になるよう席の指定がなされていた。

　外山教諭は，分析の対象とする単元[9]で授業の学習課題となる問いを生徒たちに作らせる試みに初めて取り組んだ。これは生徒たちにとっても，小学校1年生から考えても初めての体験であった。授業では，生徒の話し合いによって場面ごとに問いが設定され，その問いを巡る話し合いによって協働的な読みの深まることが目指された。

　授業はおおむね次のように展開した。授業の開始直後には学習課題との確認とその時間に議論の対象とする部分を各自音読する場面が設定された（5〜10分）。続いて，小グループでの話し合いが15分程度行われた。学習課題についての個人の考えは，基本的に授業前の予習としてノートに書いておくことが求められていた。次に，教師を交えた教室全体の議論が20分程度行われた。この間，教師は生徒の発言について評価を行うことはせず，本文のことばや他者の発言とのつながりについて確認したり，質問したりするように心がけていた。教室全体の議論での生徒の反応や話し合いの流れにおいて解決できなかった問いや派生した問いについて小グループによる再度の話し合

9　本研究では，ひとつの「物語」を教材として読む授業のまとまりを単元とする。

いを促すこともあった。授業の終わりには授業の振り返りをノートに書くことが予定されていた。しかし，しばしば終了時刻の関係で宿題として生徒が持ち帰ることになる場合があった。

第3章と第4章で検討する授業事例において教材とされている「物語」は，重松清「卒業ホームラン」である。使用されている教科書（東京書籍『新編新しい国語3』）では，2段組13ページの分量である。重松清「卒業ホームラン」の主要登場人物は，「徹夫」，「智」，「佳枝」，「典子」である。1章第1節の2で言及したように，物語の登場人物の属性と読み手の属性の相互作用はそれぞれの読みに影響を与えることが明らかにされている。生徒の読みの違いが，その語りにおいて焦点化される人物の違いという水準で表れることが推測される。主要な登場人物4人の社会的な属性は次のとおりである（Table 2）。

Table 2　登場人物の属性

名前	性別	家族内	関係	年齢	少年野球チーム	備考
徹夫	男	父	夫婦	30代後半～40代前半	監督	
佳枝	女	母				
典子	女	娘	姉・弟	中学校第2学年		「がんばること」に対する不信
智	男	息子		小学校第6学年	選手（補欠）	

「卒業ホームラン」の本文では，登場人物「徹夫」へ焦点化した語りが基調となっている。第1章第3節2項で言及したように，「物語」の局所局所における語りの焦点化の様態はその文自体に含まれる情報のみを手がかりとしていつも完全に判別できるものではない。ただ，「卒業ホームラン」を全体としてみると，虚構世界の出来事は基本的に「徹夫」への焦点化において語られている。たとえば，登場人物の発話がカギ括弧によって区切られ直接話法で語られている箇所は，形式的に地の文の語りとは明確に区別がなされ

ている。「卒業ホームラン」の本文では「徹夫」に焦点化された地の文の語りの中途にカギ括弧でくくられた「徹夫」以外の登場人物の発話が挿入された直後に「徹夫」の心中が語られることが頻繁に起こっている。そのため，「徹夫」と会話する「智」や「佳枝」の発話について，読み手は，虚構世界におけるその発話の聞き手の「徹夫」の意識を通して聞くことを促されることになる。

　協働的に読みを深める過程において，生徒は，「徹夫」への焦点化を基調とするこの「物語」の語りに対して，焦点を「徹夫」から移動させるのか，あるいはさせないのかを判断していくことを求められる。その際に，自分の持つ属性と Table 2 に示した登場人物のさまざまな属性のうちの１つ，あるいはいくつかの属性との間に見出される共通性や相違が，この焦点の移動に影響を与えていくことが予想される。

　次に，生徒の発話の分析の際に参照することになる物語内容に示された出来事について述べる。本研究が依拠するやまだ（2000）の定義では，物語の出来事は読み手（聞き手）によって見出されるものであり，複数の出来事がまとまって１つの出来事を構成するというようにその範囲を明確に区切ることは出来ない。ここでは，便宜上，第３章と第４章において，生徒の発話を物語内容と関連付けて解釈する必要から，虚構世界の時の流れの変化，登場人物の登場や退場等で区切られるまとまりを一つの出来事として分節し番号を付した（Table 3）。なお，ここでの場面とは，本文中に挿入された１行分の空白によって物語を区分した単位である。

第Ⅱ部 読みの交流を通して「物語」を協働的に読み深める授業　53

Table 3　物語内容における出来事

場面	番号	出来事
1	1	徹夫が今日の天気について活動記録に記入
	2	徹夫の回想：監督を引き受けて
	3	智が素振りを始める
	4	佳枝と徹夫とが典子について会話
	5	秋ごろからの典子の様子
	6	徹夫の回想：典子「がんばったってしょうがないじゃん」
2	7	保護者からの電話
	8	徹夫が窓越しに智の素振りを見る
	9	徹夫がチームのノートで練習や試合の記録を振り返る
	10	徹夫が今日のスターティングメンバーをノートに書き入れる
	11	監督に徹しきれない徹夫
	12	徹夫と典子の会話：だからこそ，胸が痛む。」まで
	13	徹夫と典子の会話：回想（「同じことは」）から
3	14	試合前のチームの様子
	15	徹夫がメンバー票を記入：智を補欠の欄の一番下に入れる
	16	「不敗神話」の横断幕に保護者の歓声が上がる
	17	徹夫がメンバー票を訂正：智を補欠から外す
4	18	智がグランドの選手たちに声援を送る
	19	徹夫が「がんばれば…」について考える
	20	5回の裏が終わって8点差がついてしまう
	21	保護者の発案を受け，徹夫は補欠を試合に出すことを決める
	22	智が3振のピンチヒッターを励ます
	23	佳枝がバックネット裏に一人たたずんでいる
	24	試合後，徹夫が智に声を掛ける
5	25	今日の試合について徹夫と智が会話
	26	徹夫が今日の典子のことを考える
	27	徹夫が智に中学での部活について質問し，智が答える
	28	徹夫が智をバッターボックスに立たせ，佳枝もグランドに出る
	29	徹夫と智の会話：バッターとしての心構えについて
	30	徹夫が速球を投げ込み，智は2回空振りをする
	31	最後の1球を智が打ち上げる
	32	打球についてそれぞれが評価する
	33	家族で家路につく，その中途，佳枝が典子に気づく

第3章 読みの交流を通して「物語」の読みが深まる過程

第1節 本章の目的

　本章の目的は，「物語」についての読みが深まるということがどのような過程であるのか，物語の基本的な特徴である景観の二重性と関連付けながら明らかにすることである。「物語」を理解するために，読み手が登場人物あるいは擬人化されたなにものかに視点を移動させ，そこからその虚構世界を構造化することはしばしば指摘されることである（佐藤，2007）。ただし，このような読み手の心理的な機制を「物語」の物語言説の二重の景観，あるいは「多声性」（バフチン，1996; 2013）と関連付けて実際の読書過程について具体的に検討することは十分には行われてきていない。

　そこで本章では，談話過程において「物語」の出来事に言及した生徒の発話について「焦点化」概念によって，「物語」の二重の景観と関連付けながら検討する。多くの場合，物語言説中の文においては主語となる登場人物が行為者となる。どの登場人物が行為者として取り上げられるかということは，言及される出来事の取捨選択に影響する。さらに，ある出来事と別の出来事との筋立てのあり方にも影響を与える。つまり，談話過程における発話の焦点化の様態を分析することは，発話者の物語行為を媒介する文化的道具とその使用の実態に迫ることにつながっている。

　交流を通して「物語」についての読みを深めていく過程を検討するうえで，生徒が「物語」に対してどのような課題を構成するかは重要なポイントとなる。文章理解の過程は，ある種の課題解決の過程とみなすことができる。す

なわち，それは文章についての問いの設定とその解決，検証の連続的なプロセスである。伝統的な授業観に根ざした国語の授業という社会文化的状況では，「物語」の読みの深まりは，教師の与える課題に従事し，そこで教師の考えるねらいをどれだけ達成できたかということからとらえられる。ただ，実際の読書においては，読むための課題が他者から与えられることはない。日常的な読書の文脈では，読み手は暗黙のうちに自分で読むための課題を設定しそれを解決しながら「物語」を読み進めている。よって本章では，「物語」についての読みの交流に積極的な価値をおく構成主義的な学習観に基づいた授業実践において生徒が問いを構成する過程を取り上げる。これを検討することで，「物語」を読むという行為の実態について考えるための示唆を得ることが期待できるだろう。

第2節　方法

1　対象授業

　対象授業では，生徒が場面ごとに考えた問いを小グループの話し合いの場で交流し，小グループで検討したものを全体の議論の場に提出し，そこでの議論において学級で追究する問いについて考えている。生徒は問いを考える際に，教師の用意したワークシートを利用していた。ワークシートの上部には，それぞれの小グループから出された問いを書く欄とその問いについて個人が考えたことを書く欄が設けられており，下部には教室全体で考えたい問いとその問いに対する自分の考えを書く欄が設けられていた。

　分析の対象として取り上げる事例は，この「物語」を読む単元としては6時間目の授業のものである。全体で追究する問いを決めるために小グループで読みを交流する局面の談話過程である。「卒業ホームラン」の第5場面を読み深めることが課題とされている。この場面では，「物語」において最後

の場面であり，登場人物がすべて登場し，「物語」においてそれまでに示された他の出来事との関連がとらえられる出来事が示される。生徒にとっては「物語」について再読した上で読みを深めることが意識されるため，能動的に視点を移動させることが予想された。この授業までに，生徒は，小グループ，学級全体で問いを練り，それに基づいて探求する学習活動を「物語」の1〜4場面のそれぞれについて行っている。事例において取り組んでいる課題の構成過程に習熟し，小グループや学級で話し合うに値する問いがどのようなものか理解を深めており，初期段階と比較してより適切な問いを出せるようになっていると考えられる。

2 小グループと話題

教室では10の小グループが構成されていた。そのうち，前時までの観察において，生徒による他者の発話への言及や発話内容の取り込みが多く見られ，小グループ内で聴き合いが行われていると観察者が判断したグループを分析の対象とした。小グループのメンバーは，スミエ（女子），カズミ（女子），タクマ（男子），ヒロシ（男子）の4人である。小グループでの活動中，グループに対する教師の直接的な介入は行われなかった。

話題となっているのは，「物語」の終末，第5場面におけるいくつかの出来事である。第5場面は，授業で使用された教科書のレイアウトでは6ページに渡り，「物語」全体の3分の1を占める分量がある。

外山教諭は，授業の冒頭において，「グループで問いを立ててください。昨日，家でやってきているのを前提にしますので，自分で立ててきた問いの中から一つ選んでください。早速グループになって始めてください」と指示している。物語内容についての具体的な言及は指示に含まれておらず，特定の人物に焦点化することは促されなかった。

3 分析の手続き

バフチン（1988; 1989）の発話構成論における発話の対話的定位とポリフォニーの概念に依拠して発話の解釈を行う。具体的には，発話を言語コミュニケーションの連鎖の一貫，すなわち，先行の環と後続の環の間にあるものとしてとらえるとともに，それを創り出される過程に「声」が働いていることを考慮する。発話を創り出した「声」について検討するために，発話の焦点化に着目して記述的分析を行う。

第3節　結果と考察

1 発話の焦点化と言及される出来事との関連

Table 4 は，外山教諭がグループごとに問いを立てることを指示した発話に続いて行われた小グループにおける談話過程である。

指定されている場面の出来事について生徒それぞれから問いが示されている。複数の生徒の協働によってある出来事と別の出来事が筋立てられ「物語」の出来事が語り直されていることがとらえられる。スミエ（103）とカズミ（107），ヒロシ（115）が Table 3 に示した出来事の区分どおりに出来事をとらえているのに対して，タクマ（110）は 3 人の言及した出来事をまとめて一つの出来事として構成化している。物語の出来事の入れ子構造（やまだ，2000）を反映するものととらえられる。

115までの発話において，生徒は「物語」の登場人物に焦点化して出来事について語っている。スミエ（103），カズミ（107），タクマ（110, 103）は，文における述語や対象の取り方から「徹夫」に焦点化して問いを出していると判断される。ヒロシ（115）は，「お父さんとの 3 本勝負の時」に「容赦なく，速い球」が投げられたことについての問であり，焦点は登場人物「智」

第3章　読みの交流を通して「物語」の読みが深まる過程　59

Table 4　言及される出来事と発話における焦点の関連[10]

番号	発話者	発話内容	出来事	焦点化
101	外山	じゃ，えー…そしたら，今日，卒業ホームラン…。昨日はなしをしたように，1時間で終わらせたいと思いますので，グループで問いを立ててください。昨日，家でやってきているのを前提にしますので，自分で立ててきた問いの中から1つ選んで下さい。早速グループになって始めて下さい。		
102		生徒［机を動かし4人グループを作る。］		
103	スミエ	58頁の上の段の16行目あたりの「腹立たしさよりも悲しみのほうが胸にわいてくる」っていうのは，何で悲しみが出てきたのかっていう…」	26	徹夫
104	カズミ	16…あー		
105	スミエ	そこ		
106	タクマ	あー		
107	カズミ	じゃあ，あたしは，何だっけ…，59頁の下のところで，何で徹夫は智に「オッス」って言わせたかったのか。	29	徹夫
108	スミエ	あー		
109	カズミ	他になんかあるかな。		
110	タクマ	なんか…何頁とかないんだけど…，全体的な疑問は，なんで徹夫は智にこんなことをさせたのかなって。		徹夫
111	ヒロシ	あー	27-30	
112	カズミ・スミエ	［ヒロシに少し遅れ］あー		
113	タクマ	…打席入れみたいな…		
114	スミエ	後，ヒロシ君…何も出してないけど…		
115	ヒロシ	あー，じゃあ何でこの，最後，お父さんとの3本勝負の時に，なんで，徹夫が，容赦なく，速い球，を投げたのか。	30	智
116	スミエ	…あ，後もう一個あった。…あの，何で最後，ホームランで終わらせなかったのか。	31	非
117	ヒロシ	あー。		
118	カズミ	ははは。確かにね。		
119	ヒロシ	ホームラン打ってないよね。		
120	スミエ	そっちのほうがなんか，話として良くない。		非
121	カズミ	そうだね。		
122	スミエ	いい話だなで終わるけど。［ヒロシも発話しているが聴取不能］		非
123	カズミ	ホームランでないのはなぜか。でもそれ知りたいかもしれない。	31	非
124	スミエ	気になる。うん。		
125		［10秒ほど無言］		

60 第Ⅱ部 読みの交流を通して「物語」を協働的に読み深める授業

に置かれていると判断できる。

　これに対し，スミエ（116）は「物語」の特定の登場人物への焦点化ではなく非焦点化によって創り出された発話である。「何で，ホームランで終わらせなかったのか」という問いは，「物語」のなかで語る出来事を選択，あるいは創造することのできる意識に基づくものである。この発話は，直接的には，出来事31，すなわち115までの発話において筋立て直された26-30に続く出来事に言及している。ただし，「終わらせなかったのか」（116），「話として良くない」（120）ということばから分かるように，この発話では出来事が「物語」に示されたすべての出来事と関連付けられている。他の3人はこの発話に対し，「あー。」，「ははは。確かにね。」，「ホームラン打ってないよね。」と相づちを打ちながら，これを受け入れる態度を示している（117-119）。

　上記に取り上げた5つの発話では，同一の場面において近接する出来事がそれぞれ言及されている。しかし，登場人物へ焦点化した発話と非焦点化の発話とでは，その出来事がどのように筋立てられているかという点で異質である。出来事の当事者である登場人物へ焦点化する発話では，出来事の時系列的，あるいは因果的な連続性に基づく筋立てが行われている。一方，非焦点化においてはスミエの「そっちのほうがなんか，話として良くない」（120）に表れているように，物語に想定される意図からできごとを筋立てることが行われている。物語を創り出す「声」の相違によって，話題となっている出来事に関連付けられる別の出来事の選択のあり方や出来事を検索する範囲の限定のあり方が異なることが示唆される。

---

10 左端の数字はターンを示している。また，「発話内容」の欄においては短いポーズを「，」で，言いよどみや，やや長いポーズを「…」で示し，質問に特有の上り調子の抑揚は「？」で示した。「焦点化」欄の「徹夫」，「典子」，「智」はそれぞれの登場人物への焦点化を示している。「非」は，その発話において生徒が特定の登場人物に焦点を置いていないこと，すなわち非焦点化による表現であることを示している。なお，1つの発話の中で焦点が揺らいでいる場合には「／」でこれを示した。発話の焦点がはっきりとしない場合，あるいは相づちなどその言語コミュニケーションにおいて主に社会的な機能を担っている発話の欄は空欄とした。以下，談話過程を示すTableではすべて同じ。

第3章　読みの交流を通して「物語」の読みが深まる過程　61

　それまでとは異なる焦点化が行われたスミエの発話（116）について，興味深い点がある。この発話にある「最後」と直前のヒロシの発話（115）にある「最後」の指す内容にズレのある点である。ヒロシは，それまでにスミエ，カズミ，タクマが言及した一連の出来事（26-30）の「最後」という意味でこれを使っている。これに対して，スミエ（116）では，「最後」は「物語」全体におけるこの出来事の位置を示す意味で使われていた。ヒロシ（115）に対するスミエ（116）の発話のタイミングからは，ヒロシの発話に接したスミエになにかの気付きがあったと解釈される。この点については，後で詳しく議論を行うこととする。

2　出来事についての多面的な意味づけの協働による達成

　生徒の疑問に基づいて行われる小グループでの話し合いの談話過程の分析結果から，物語の任意の出来事に対する多面的な意味づけが生徒の協働によって達成されることが明らかとなった。

　Table 5 に示したのは，小グループのメンバーそれぞれから問いが出された後，グループとしての問いを決定することを目的として行われている談話過程である。しばしば訪れている沈黙の時間（127，129，148，156，159）や戸惑い途切れがちな生徒の発話から，この談話過程が意味の交渉を強く意識する探索的談話（Barnes, 2008）の特徴を備えていると判断できる。

　Table の前半，生徒の間で視点の違いによる意見の対立が生じている。カズミ（128）は，スミエが，116で出した非焦点化に基づく問い（「何で最後，ホームランで終わらせなかったのか。」）をグループの問いとすることについて承認の態度を示している。しかし，登場人物の「声」から「最後，お父さんとの3本勝負の時に，何で，徹夫が，容赦なく，速い球を投げたのか。」（115）という問いを出しているヒロシと「何で，徹夫は智にこんなことをさせたのかなって」（110）と「徹夫」の心理に疑問を感じるタクマは，それにすぐ賛同することはせず，9秒の沈黙が訪れる（129）。

62 第Ⅱ部 読みの交流を通して「物語」を協働的に読み深める授業

Table 5 出来事についての意味づけの多重化

番号	発話者	発話	焦点化
126	スミエ	どれにしますか。	
127		[10秒の沈黙。カズミ，スミエ，ヒロシはノートに記入]	
128	カズミ	書いてあることから考えられる問いだったら…（聴取不能）でも，私は何でホームランにしなかったって言うのは，知りたいと思う。	非
129		［9秒の沈黙］	
130	スミエ	…どうしよう。	
131	ヒロシ	タクマは何なの。	
132	タクマ	俺は，こう，そもそもなんでこんなことを智にしたのか…	徹夫
133	ヒロシ	あー	
		中略	
144	カズミ	4つの中で。いや違う，5つの中で。	
145	スミエ	えっとー，何だっけ，なんかお父さんが思いきりうつところはなんか…なんか書いてあったよね。どっかに。あ…ここ。野球が大好きな少年に対する礼儀だって，答えがもう出てるから，この問題はまずなしで…後は何だろう。	智／徹夫
146	カズミ	…礼儀なんだね。…それが。	
147	スミエ	えーでもさ，これでさなんか弱々しい球が投げられてきて打てたとしてもうれしくないと思う。…なんか。	智
148		［18秒の沈黙］	
149	カズミ	そしたらさあ，これがさあ，筆者が，あ作者が，最後にホームランで終わらせちゃったら，それは，徹夫の玉が弱かったってことになるかもしれないじゃん。	非／智
150	スミエ	あーあ	
151	カズミ	だから最後に終わらせなかったみたいなことにも（聴取不能）	非
152	スミエ	あー，なるほど。	
153	カズミ	だから，最後に出したい問いは…そっちのほうで…なんか色々考えられそうじゃない。	非

第3章　読みの交流を通して「物語」の読みが深まる過程　63

　出来事に意味づける「声」の違いから生じた意見の対立を解消するきっか
けとなった発話がカズミ（149）である。この発話は，前半は非焦点化，後
半は「智」への焦点化となっている。この発話では，当事者の「声」と「作
者」（語り手）の「声」の2つから出来事に対して意味づけの多重化が行われ
ている。

　後続の談話過程において，複数の異なる「声」を踏まえ，出来事について
多面的な意味づけを求める問いが構成された。ヒロシの発話「題名が卒業ホー
ムランなのに，ホームラン打ってない…」（158）を受け，このグループの
課題は「何で，最後ホームランじゃないのか。かっこ，題名は卒業ホームラ
ンなのに。」（カズミ，160）となった。それまでの談話過程において話題とな
っていたこの出来事について意味づけの多重化を求めるこの問いは「あー」
（161）とメンバー全員からの承認を受けた。

　以下に示す Table 6 は，「物語」の次の引用部分にかかわる話し合いの過
程である。

> 「智，家に帰って荷物置いてから打ち上げに行こう。」
> 「うん……いいけど？」
> 「帰ろう。」
> 　野球のルールを作ったのはアメリカのだれだったろう。いや，イギリス人だっ
> たろうか。
>
> （p. 62）

　カギ括弧を使って示される「徹夫」と「智」の発話に続いて「徹夫」の内
面が彼への焦点化において語られている。この部分を対象とする談話過程で
は，語られる「徹夫」と「徹夫」に焦点化して語る「語り手」とを区別した
議論が行われている。

　Table 6 に示した談話過程の前半，ヒロシとスミエのやりとりを中心に物
語の語りの基調と同じく「徹夫」に焦点化された発話が続き，話題になって
いる出来事について当事者としての意味づけを検討する議論が行われている。

64　第Ⅱ部　読みの交流を通して「物語」を協働的に読み深める授業

Table 6　出来事への意味づけの多重化の協働的達成

番号	発話者	発話内容	焦点化
273	スミエ	んー	
274	カズミ	意味わかんなくなった。	
275	スミエ	わっかんね…なんか前のほうにさあ…なんだっけ…なんか監督としての自分を恨むじゃないけどなんか…的な雰囲気なの有ったじゃん。	徹夫
276	カズミ	うん	
277	スミエ	で，それをこうなんか，そのもやもやを解消するためにやったのがこれなのかなって，ちょっと考えて…	徹夫
278	カズミ	あー	
279	ヒロシ	償いみたいな	
280	スミエ	そうそうそう，でその償いみたいな状態なのかなって考えて…	徹夫
281	ヒロシ	いやいやいや（聴取不能）	
282	スミエ	だから，徹夫の気持ち的にはこれをやることに意義が有るみたいな…	徹夫
283	ヒロシ	あー打って，打てない	徹夫
284	スミエ	そこでホームランでたら，いい結果だったねみたいな感じだけど…	徹夫
285	ヒロシ	まあ，打てなかったらまあ…	徹夫
286	スミエ	…まあ打てなかったら，打てなかったで…出したって言うか，自分のもやもや解消してる…	徹夫
287	ヒロシ	智にチャンスを与えたけどダメだった，みたいな…	徹夫
288	スミエ	そうそう…みたいな。	
289	カズミ	（聴取不能），そのさあ，この作者もさあ…あのー，結果が一番大事だとはあんまり思ってないから…	非
290	スミエ	うん	
291	カズミ	だから結果をホームランにしなかったんじゃない。	非
292	スミエ	あー，そうか。だからこれでホームランだったら，やっぱ結果…	非
293	カズミ	結果が…	
294	スミエ	…大事じゃんみたいなことになっちゃうから。	
295	カズミ	だから伝えたかったのは結局，努力が大事だけど…それに伴って，あのー，結果がついてくるものだって…	非／徹夫
296	スミエ	おー，いいこと言った。	

カズミは「意味わかんなくなった」(274) という発言以降，スミエとヒロシとが「徹夫」に焦点をおいて行った議論に小さく相づちを打っただけで後は二人のやりとりの聞き手となっている (-288)。スミエとヒロシとの10ターンに及ぶやりとりの後，カズミは「作者」(289) という術語を使い，話題となっている出来事を物語全体の結末部に位置付ける発話を行っている。これ以降，カズミはスミエと互いにことばを補いながら発話の連鎖をつくっていく (289-296)。

カズミの発話「伝えたかったのは結局，努力が大事だけど…それに伴って，あのー，結果がついてくるものだ」(295) では，出来事についての意味づけの多重化が行われている。「徹夫」が「智」に「伝えたかった」ことと「作者」(語り手) が読み手に「伝えたかった」こととが関連付けられこの出来事の意味として示されている。

カズミが，スミエとヒロシの会話の聴き手から話し手に転じた289においてスミエを宛先に発話を開始しているのは，この発話が談話過程の初期のスミエの問い（「何で最後，ホームランで終わらせなかったのか。」116）へ応答する内容であるためだと考えられる。カズミが二人のやりとりを以前の話し合い，あるいはテキストと関連付けながら聴いていたことが推認できよう。

スミエ (116) は，その直前ヒロシの発話（「最後，お父さんとの3本勝負の時に，何で，徹夫が，容赦なく，速い球を投げたのか。」115）に対する応答であり，それまで談話過程になかった「声」に基づく発話であった。Table 5 の談話過程において，その「声」はカズミによって問いの中に取り込まれている (149, 151)。そして，先ほど確認したようにカズミとスミエの協働 (289-296) によってその問いに対する1つの答えが創り出されているのである。

上記の分析の結果から，物語の任意の出来事に対する意味づけの多重化が一方向的に進むものではなく，生徒が，対話的に応答し合うことを通して様々な視点からその出来事について意味づけを行い，さらにそれらを関連付けるという過程を協働的に達成していることが明らかとなった。

66 第Ⅱ部 読みの交流を通して「物語」を協働的に読み深める授業

3 登場人物の内部で対立する「声」

「物語」の読みにおける登場人物の理解にかかわり，１人の登場人物の内部において異なる「声」の対立や葛藤のあることが考えられる。本項では，同一の登場人物の内部における「声」の対立にかかわり行われた議論の談話過程を取り上げて分析と考察を行う。

Table 7 の談話過程は，「何で徹夫は智に『オッス』って言わせたかったのか。」（107）というカズミの問い（Table 4）への言及から始まっている。カズミの問いは，「徹夫」と「智」の間で交わされたことばにかかわって考える

Table 7　登場人物の内部の二声性

番号	発話者	発話内容	焦点化
260	スミエ	さっきさあ，なんか「オッス」のことでてたじゃん，それは「徹夫は監督としてそう言わせたのかな」って言う…	徹夫
261	ヒロシ	監督モードに…	徹夫
262	スミエ	監督モード…でも，これは，あのやってることは息子に対するなんさ，あれじゃない，監督がたったひとりに対してここまでやるってなんかないような気がして…この徹夫はいったい何？って言う…	徹夫
263	カズミ	ハハハ	
264	スミエ	監督として言ってるのか，なんか…	徹夫
265	カズミ	わかんないな…	
266	スミエ	途中からもう「お父さん」て呼んじゃってるじゃん…智…でも「オッス」は監督じゃん。	非／智
267	ヒロシ	ラスト一球って	
268	カズミ	…でもお父さんて言ったのは…	智
269	スミエ	うん	
270	カズミ	智が…徹夫が父親として，自分に，結果を出させてもらいたいって思ったのかなっていうことを，徹夫…智が分かったんだよ…意味はそんな感じ…	智／徹夫

ことを求めるものであった。生徒の発話は戸惑い途切れがちで，意味の交渉が強く意識されている探索的談話（Barnes, 2008）の特徴を示しているということができるだろう。生徒はこの談話過程で「徹夫」の中にある2つの価値観の対立について議論を行っている。対立する価値観とは，「徹夫」が「智」に対して「監督として」（スミエ，260; 264; ヒロシ，261）接するか，「父親として」（カズミ，270）接するかというものである。つまり，この談話過程では，登場人物の内部において対立する「声」の対立が話題となっている。

　Table 7 に示した談話過程において，この「物語」の登場人物の内部における「声」の対立に基づく議論が行われていることには，テキスト側の要因が大きいと考えられる。この「物語」において「父と子」，そして「監督と選手」という「徹夫」と「智」との関係の二重性が，その主題，すなわち，この「物語」で言及されている出来事が筋立てられる際に用いられる行為者の目標やその目標の根底にある動機と深く関わっている。さらに，場面2中の出来事7「保護者からの電話」に「ふざけるな，と監督として思う。だが，父親として立場を入れ替えてみると，その気持ちも分からないではない」という，この関係の二重性に直接言及する2つの文がある。以前の授業においてこの表現にかかわって話し合いが行われており，そのこととのつながりがこの談話過程に影響していると見る必要がある。

　発話における焦点化の様態を見ると，「徹夫」の心理的な葛藤を生み出している2つの「声」を検討する議論が，テキストの語りに沿って「徹夫」の内面の感情や判断を検討することから始まり（260-264），スミエ（266）で「智」の文脈が導入され，それを受けたカズミが「智」に焦点化した発話を行っていること（268, 270）がとらえられる。「徹夫」の内部における「声」の対立を検討する過程において，「智」の言動を根拠として議論が展開されている。ある登場人物について理解を深めるために別の登場人物がその登場人物に対して取った言動を手かがりとして利用されているのである。この理解過程は，「対話的自己論」として，溝上（2008）において議論されている

ような「知る自己（self as knower あるいは I）」と「知られる自己（self as known あるいは me）」とを関連付けることで自己（self）がより深く理解されるという自己理解過程と類似する構造を備えている。

　この談話過程において，ある登場人物の内的な「声」の対立にかかわって行われた別の登場人物への焦点化は，これまでの読みの視点論に不足していた知見を示唆している。事例では，引用符によって示された登場人物の発話に対して，生徒はさまざまに焦点化しながら言及している。第1章第2節で確認したように言語記号の視点依存性は，他者に知覚・概念的状況についてある特定の解釈をさせ，注意を向けさせるために備わる特徴とされる（トマセロ，2006）。登場人物の台詞を直接話法で示すという語り方は，この特徴を薄め，そのことで読者の焦点化の自由度を高めていると考えることができる。スミエは267の発話において，「智」が「徹夫」に対して発した「お父さん」という発話を引用している。カズミ（268）は，これに応じて「…でもお父さんて言ったのは…」と「智」の内部に視点をおいて考え始めている。「物語」の登場人物がその虚構世界で発したことばは，現実世界のものと同様に人と人の間に存在するものである。「物語」が読まれるその場において，そのことばが，発話者と聞き手それぞれの立場，そしてその当事者の知らない第三者という立場から解釈されうるということが，カズミの発話における焦点の移動を用意したものと考えられる。

　なお，先に登場人物の内部における「声」の対立を話題とするこの談話過程にはテキスト側の要因が強く働いていると述べた。しかし，このような議論が，特定の「物語」や登場人物にかかわってのみ可能となるのではない。当然のことながら「物語」の登場人物も現実社会の人間と同様に複数の共同体（「徹夫」の場合は「少年野球チーム」と「家庭」）に所属する。共同体ごとにその成員として求められる役割や振る舞いがあり，具体的な出来事においてその人物の内部の「声」の対立が顕在化することが考えられる。「物語」の登場人物を現実社会の人間のヴァリエーションや延長，あるいは典型とみな

第3章　読みの交流を通して「物語」の読みが深まる過程　　69

すなら，その内部には多かれ少なかれこのような対立が存在するはずである。そのような対立に目を向ける意識を向けることで「物語」の出来事についての意味づけをより多面的なものとすることができると考えられる。

4　「物語」についての意味づけが多重化される過程

　前節までに確認してきた談話過程における発話の焦点化の様態を一覧出来るように整理したのが Table 8 である。記号は発話者を示している。「●」がスミエ，「△」がカズミ，「◆」がヒロシ，「□」がタクマである。個別の生徒を示す記号を見るとそれが位置する列に特徴的な偏りは認められない。他の生徒の発話への応答の意識から焦点が定まったと解釈される発話が複数あり（268，289），生徒間の相互作用が談話過程における焦点化の移動に関連することが示唆される。

　網掛け部分に注目すると，登場人物へ焦点化した発話連鎖と非焦点化による発話連鎖が交互に出現するパターンをとらえることができる。それぞれの転換点では，「物語」の出来事について，その当事者である登場人物の景観にかかわる議論と語り手の景観にかかわる議論が協働によって切り替わっていくことによって出来事に対する意味づけの多重化が起こっていることを確認できる。登場人物に焦点化する会話連鎖と非焦点化による会話の連鎖が切り替わった転換点のうち，出来事に対する意味付けの多重化につながった B，C，D についてふり返っておこう。

　転換点 B では，「徹夫」への焦点化で示された発話（「野球が大好きな少年に対する礼儀だ」）を非焦点化において引用するスミエの発話（147）に対して，18秒の沈黙を置いてカズミから違和感が示されている。自分の発話に対する肯定的でない反応に答えて，「物語」の言説では言及されていない「智」の心中を考える読みを示した。これに応答する発話においてカズミは「智」と語り手／読み手の２つの「声」を関連付けていた。

　転換点 C では，「智」が「徹夫」にむけた発話（「おとうさん」，「オッス」）

Table 8　談話過程における生徒の発話の焦点化の動態

番号	登場人物への焦点化		非焦点化	転換点
	「徹夫」	「智」		
103	●			
107	△			
110	□			
115	◆	◆		A
116			●	
120			●	
123			△	
128			△	
145	●	●		
147		●		
148	18秒の沈黙			B
149		△	△	
151			△	
153			△	
158			◆	
160	△	△	△	
260	●			
261	◆			
262	●			
264	●			
265	△「わかんないな…」			C
266		●	●	
270	△	△		
275	●			
283	◆			
284	●			
285	◆			
286	●			
287	◆			
289			△	
292	●「結果…」			D
293	△「結果が…」			
294	●「…大事じゃん」			
295	△		△	

を非焦点化において引用したスミエの発話が転換の契機となっていた。これに応答する発話においてカズミは「智」と「徹夫」の2つの「声」を関連付けていた。

　転換点Dにおいては，Table 6の談話過程で確認できるように，カズミは「意味わかんなくなった」(274)と発言した後，出来事に対する多重的意味づけを示す289まで，スミエとヒロシが「徹夫」に焦点化して行った議論にまれに相づちを打つだけの聞き手となっていることがとらえられた。カズミ(289, 292)は，「典子」が「徹夫」に向かって発話した「努力がだいじで結果はどうでもいいって，お父さん，本気でそう思ってる？」(p.55)というセリフの一部を改変して非焦点化において引用していた。これに応答する発話をスミエと協働して創るなかで「徹夫」と語り手／読み手の2つの「声」が関連付けられていた。

　いずれの転換点においても，転換が生徒の相互作用によって協働的に達成されていること，他の生徒の発話を異質なものとしてとらえ，それに対して自分なりに答えていこうとする生徒の姿がとらえられた。また，転換の契機には，「物語」の物語言説のことばがオリジナルとは異なる焦点化の様態において引用され，さらにそれとは異なる焦点化による読みが談話過程に示されていることが確認された。

　この結果から，複数の当事者がかかわる出来事についての意味づけが多重化されるプロセスには3種類の異なる「声」の相互作用がかかわっていると考えられる。談話過程において一人の生徒から話題となる出来事に対してある「声」に基づいて発話が創られる。それに対して別の生徒から別の「声」に基づいた発話が創られる。この「声」の相違が，談話過程に顕在化，あるいは聞き手の内部において意識化されることによって出来事に対する意味づけの多重化が生じると考えられる。このように生じる出来事に対する意味の多重化には，出来事のどの当事者の側面からとらえるかという多面性と，当事者の意識に加え，その出来事を対象化する意識，すなわち多層性の2つの

要素があると考えられる。このような2つの要素を備えた出来事の意味の多重化は，「物語」の物語言説を媒介とする生徒間の相互作用，すなわち，「物語」の語り手と複数の生徒という三者の間の相互作用においてとらえられる。

第4節　総括考察

本章では，実際の事例の具体的分析に基づいて「物語」についての読みが深まるということがどのような過程であるのか，物語の基本的な特徴である景観の二重性と関連付けながら記述することを試みた。その結果，以下の5点が明らかとなった。

第1に，談話過程における発話の焦点化と言及される出来事との関連の様相から，物語を創り出す「声」の相違によって，話題となっている出来事に関連付けられる別の出来事の選択のあり方や出来事を検索する範囲の限定のあり方が異なることが示唆された。特定の登場人物に焦点化した発話とどの登場人物にも焦点化しない発話とでは，言及される出来事の選択のあり方や範囲の限定に違いのあることが示された。出来事の当事者である登場人物へ焦点化する発話では，生徒は，出来事の時系列的，あるいは因果的な連続性に基づく筋立てを行っている。一方，非焦点化の場合には，生徒は，その物語に想定される意図から出来事を筋立てることを行っている。

第2に，談話過程における発話の焦点化の移動の様相から，ある出来事に対する複数の意味づけが重ねられることが，生徒が発話を創り出す「声」を多重化していくことにつながっていくことが示唆された。「物語」の出来事について協働で語り直す談話過程においてそれぞれの生徒が発話の焦点を移動させていることが示された。その過程において，ある出来事に対する2つの異なる意識からの意味づけを重ねる意識が生成されることがとらえられた。

第3に，ある登場人物の内部の「声」の対立を主題とし，それが直接的に物語言説に示されている「物語」についての読みの交流過程から，このよう

な登場人物の二声性について考える際に，生徒が他の登場人物がその登場人物に対して取った言動を手かがりとして利用することが示された。

第4として，物語言説において直接話法によって示された登場人物の発話についての議論の展開から，このような音声の要素に注目することが出来事についての多面的な意味づけにつながっていくことが示唆された。音声は，現実世界のものと同様に人と人の間に存在するものである。「物語」が読まれるその場において，そのことばが，発話者と聞き手それぞれの立場，そしてその当事者の知らない第三者という立場から解釈されうるという構造的な特性がそこに認められる。

第5として，談話過程においてとらえられた発話の焦点化の転換点についての検討から，異質な「声」の関連付けが，生徒間だけではなく「物語」の語り手を含めた三者の間の相互作用においてとらえられるべきであることが示唆された。このような転換が複数の生徒の相互作用によって協働的に達成されていること，また，その契機として「物語」の物語言説のことばがオリジナルとは異なる焦点化の様態において引用され，さらにそれとは異なる焦点化による読みが談話過程に示されていることが確認された。

これらの知見から，物語の語りの構造的な特徴から見たときの「物語」についての読みが深まる過程を次のようにまとめることができる。生徒は，話題となっている出来事にかかわる読みを「物語」の登場人物と語り手の「声」に基づいて交流の場に出していく。「声」は，登場人物や語り手／読み手と一対一で対応しているのではなく，その内部で複数の「声」が対立していることもある。交流を通して「物語」についての読みが深まる過程では，ある出来事に対する複数の「声」からの意味づけが重ねられることになる。このような談話過程が生徒を出来事への意味づけの多重化に導いていく。また，複数の当事者がかかわる出来事に対する意味づけの多重化のためには，交流の場に「物語」の物語言説の「声」のありようとは異なる別の2つの意識から話題となる出来事についてそれぞれ意味づける発話が提示されること

が求められる。さらに，話題については，「物語」の出来事にかかわる音声の要素は，虚構世界の登場人物の間に存在するために，読み手を二声的な読みに導く構造的特性をもっており，これを取り上げてその認知のあり方に注意をはらって議論を行うことで意味の多重化というものが期待できるだろう。

「視点」に変えて「焦点化」の様態から「声」をとらえる概念枠組みを導入したことで，「物語」についての読みの深まりについてより精緻にとらえることができた。「視点」概念は，その視点を保有する人の身体の物理的イメージと結びついている。そのため，発話者が「物語」世界のどこに位置するのか，すなわち虚構世界の空間における位置が第一の関心事となる。「焦点化」と「声」の枠組みによって出来事への意味づけの多重化の多面性，多層性という読みの深まりの詳細をとらえることができた。

なお，転換点についての検討において，他の生徒の発話を異質なものとしてとらえ，それに対して自分なりに答えていこうとする生徒の姿があったことを述べた。このような生徒が出てくるためには，生徒が問いや考えを自由に出すことのできる参加構造が必要である。一柳（2013）は，修辞的・構文的に不完全な話し方によって語られた新たな読みが，聞き手の児童によるさらなる読みの生成を促す契機となる可能性を示唆している。本章で取り上げた談話過程も，ためらいに満ち，切れ切れで，たびたび行き詰まり，すぐに方向の変わる談話のあり方（「探索的談話（exploratory talk）」（Barnes, 2008））の特徴を示している。生徒が他の生徒の発話を聴いて，話題となっている出来事に対して新たな意味を見出そうとする能動的な聴き方が必要であり，そのような生徒の聴き方が「物語」の語り手と複数の読み手の相互作用を促し，協働的な読みの深まりを実現するのである。

本章では，「物語」についての読みが深まるということがどのような過程であるのか，物語の基本的な特徴である景観の二重性と関連付けながら明らかにすることを試みた。事例の記述的な分析を通して，その過程の特徴やそこで働く機制の枠組みについての知見を明らかにした。次章以降では，実際

の授業について具体的な分析をさらに積み重ねることで，生徒がこのような体験をどのように達成するのかということの詳細について明らかにしていきたい。次の第4章では，生徒による登場人物への共感のあり方の違いによって生じる読みの相違が，協働的に読みを深める過程においてどのような役割を果たすのかという点について検討を行う。

第4章 「物語」の読みが深まる過程における
生徒による役割の相違

第1節　本章の目的

　本章の目的は，「物語」について協働的に読みを深める過程において，生徒による登場人物への共感のあり方によって生じる読みの差違がどのように機能するのかという課題について明らかにすることである。このような個人的な要因の違いが，それぞれの発話における焦点化にどのように作用し，そのことが協働的な読みの深まりにどのようにつながっているのかということについて検討する。

　第3章では，「物語」についての読みを交流する過程において物語内容についての理解が深まるということがどのようにとらえられるのか考察を行った。事例において，生徒が「物語」本文の語りのあり方や他者との応答的関係に影響を受けつつ，能動的に焦点を移動させながら発話を行って談話過程を創り出していることが観察された。そこで本章では，生徒と「物語」の登場人物との相互関係が，このような協働的過程における焦点の移動にどのように影響を与えているかということを中心に議論を行う。

第2節　方法

1　対象授業

　本章において事例として取り上げるのは，この「卒業ホームラン」を読む

単元としては３時間目の授業における教室談話である。「物語」の第２場面を読み深めることが目標として示されている。この授業では，生徒が夢中になって「物語」の出来事についての読みを交流する様子がとらえられた。小グループの話し合い活動を教師が終了するように促した後も生徒は活発に意見を交換していた。学習活動への生徒の深い没頭が認められた授業事例と言うことができるだろう。

2　小グループと話題

　分析で取り上げる小グループは，前時までの観察において，コミュニケーションが活発，かつ，学習課題への没頭が継続していると観察者が判断した小グループである。小グループのメンバーは，ゲンキ（男子），ヨシコ（女子），アサミ（女子），ショウ（男子）の４人である。この時間，小グループでの活動中，教師による直接的な介入は行われなかった。第Ⅱ部の冒頭で述べたように，この単元では各グループでの検討を経た問いが学級全体に示され，その中から話し合いの問いを決定するという手続きが取られている。この小グループは，前時の授業において，「徹夫」と「典子」との「『努力が大事で結果はどうでもいいって，お父さん，本気でそう思ってる？』／徹夫は黙って，小さくうなずいた。」という出来事13中の文章表現にかかわって「本当に結果はどうでもいいのか？」という問いを提示している。この問いは，「典子」の発言の背景にある意識を要約したものであり，「典子」の意識を通した出来事の理解にかかわるものととらえられる。

　分析する教室談話過程は，物語内容において「徹夫」（父）と「典子」（娘）とが会話する場面についての小グループでの読みの交流である。話題として取り上げられている出来事12（Table 3 参照）の物語言説は次のとおりである。

　　　「最後なんだから，出してやればいいのに」
　　　典子の声に，父親をとがめるような響きはなかった。ごく自然な言い方で，だからこそ，胸が痛む。

同じことは，<u>ゆうべ佳枝からも言われた</u>。

きっと，智も心の奥ではそう思っているだろう。

（テキスト p.53 下段。下線は筆者が施した。）

下線部から判断されるように，ここでも物語言説の語りの基調は，「徹夫」の意識を通して出来事を語るものとなっている。

外山教諭の話し合いについての教示は次のようなものであった。

> 『"最後なんだから，出してやればいいのに。"典子の声に，父親をとがめるような響きはなかった。ごく自然な言い方で，だからこそ胸が痛む。』これについて，自然な言い方をしているのに，なぜ胸が痛むのか。これを最初に考えていこうと思います。〈中略〉いいですね。これに関して…<u>典子の言い方は自然なのに，なぜ胸が痛んだのでしょう</u>。」

教諭から示された話し合いの課題は，「物語」の語りの基調と同じく「徹夫」に焦点化して出来事に意味づけることを求めるものであった。

3　分析の手続き

第3章と同様に生徒の発話をその「焦点化」のあり方によって，特定の登場人物への焦点化と生徒が自身の意識を通して語る非焦点化とに分析し，その結果に基づいて解釈を行う。

第3節　結果と考察

1　発話において焦点化される登場人物の違い

生徒の発話間において焦点化する登場人物に違いのあることが意識されながら読みの交流が進んだ談話過程が，次の Table 9 である。第3章で示した事例と同様に，話題となっている出来事について，その当事者である2人の登場人物それぞれに焦点化する読みが示されたのに続いて非焦点化による

80　第Ⅱ部　読みの交流を通して「物語」を協働的に読み深める授業

Table 9　発話間の焦点化の違いの確認

番号	発話者	発話内容	焦点化
101	ゲンキ	えっとー，考えたい問いは…「なぜ自然な言い方なのに典子のことばに胸が痛むのか。」…これだってさ，暗にさ，ほら努力しても実らないじゃんみたいな…結局，出れなくても私には関係ないでしょみたいなニュアンスが…伝わる気がする。	「典子」
102	ヨシコ	典子サイドから見て…	非
103	ゲンキ	ほうら結局，実らねえみたいな…	「典子」
104	ヨシコ	あー	
105	ヨシコ	私は，なんか，こうあるべきでしょみたいな，強要されるわけではなく，自然にさらっと言われたから，父親が息子を出してやることが，ごく自然なことのように自分が感じて，それができない自分に胸が傷んだからかなーと思ったんだけど…	「徹夫」
106	アサミ	うーん。	
107	ショウ	え，俺？。はい…俺が思ったのは，この典子が，あのー，自分に対してぶつかってくるんではなく，なんか何となーく，なんか言っているだけで，それが当たり前になっちゃってることが感じられたから，あの胸が痛んだんじゃないかなと思いました。	「徹夫」
108	アサミ	私は，なんか，自然な言い方だから…親たちの苦情は，たしかに，自己中だなーって思ってるかもしれないけど，自然に言われると，正しいのかなって思っちゃったのかなとか，あと，智の気持ちをそのまま言われたような気がしたのかなーって思いました。	「徹夫」
		〈中略〉	
114	アサミ	何で「自然な言…」，「自然な」ってとこがポイント…	非
115	ゲンキ	あーって，流れるような言い方をされた…	「徹夫」
116	ヨシコ	「自然な」ってさー，なんか，これといって強い感情がこもってない感じがする。	非
117	ショウ・アサミ	あー	
118	ヨシコ	怒るわけでもなく…悲しむわけでもなく…	「典子」
119	アサミ	だから，「自然な」って言うのを，ってか当たり前っていう風にとらえるか，それとも前のなんか親とかからかってきた苦情に対比して考えるかってことじゃない。	非
120	ヨシコ	あー	
		〈中略〉	
130	ゲンキ	一つ言えるのはさ，一番気になってるのは，その「自然な」って一言でしょ。それをどうとらえたかだから…キーワードは「自然な」じゃね？	非

読みが示されている（アサミ114; ヨシコ，116）。

　教師から提示されていた問いは，「典子」のことばが「自然な言い方」だったのに，「徹夫」の「胸が痛」んだのはなぜかというものであった。つまり，「徹夫」に "なって" みる（佐伯，1978; 2004）ことを求める課題である。しかし，話し合いの口火を切ったゲンキ（101）は，「徹夫」ではなく「典子」に焦点化して「徹夫」を "みる"（ibid.）試みを行っている。

　これは，前時の話し合いにおいてこの小グループが問いとして提出した「本当に結果はどうでもいいのか？」という問いを踏まえた発話だととらえられる。「徹夫」に対する「典子」のこの問いは，大人が中学生に向けて発した「将来のために今できることをしっかりやりなさい」というメッセージに対する反感に根ざすものと解釈しうる。「徹夫」に対する「典子」のこのような感情は，読み手である生徒が周囲の大人たちに対して感じるものと共通する部分があるのだろう。ゲンキの発話中の「実らないじゃん」（101），「関係ないでしょ」（103）という語用のありかたは，「徹夫」に対する「典子」の批判的な意識を「声」として取り込んでいることを示している。先に述べたとおり，このグループの問いは，「物語」の語りの基調となる「徹夫」への焦点化でなく，「典子」への焦点化によって出来事をとらえることを志向するものであった。このような問いがグループで選択される要因として，話題となっている「物語」の出来事と生徒が現実の世界で体験する出来事の類似性がかかわっていると解釈できる。

　上記のことから，生徒が談話過程に自分の読みを示していく際の焦点化の決定に，登場人物への共感がかかわっていることが示唆される。これは，読み手と主人公の類似性の高低が主人公への共感のあり方に影響を与え，それが出来事の因果関係の抽出を媒介するという「読者－主人公相互作用モデル」（米田・楠見，2007）の知見に沿うものである。第3章において，交流の談話過程に生徒が自身の読みを示す際の焦点化は，①「物語」の語りにおいて話題となる出来事がどのような焦点化で示されているか，②応答しようと

している生徒がどのような焦点化において談話過程に読みを示しているかということとかかわりのあることを指摘した。この２点と出来事における登場人物への共感の要素が相互に作用する中で，生徒は交流の場に自身の読みを示していくことになる。このような複数の要素間の関連において，生徒の読みの焦点化の多様性，談話過程の「声」の多重化が実現されるととらえられる。

2　談話過程において果たされる個人の役割

⑴　発話の焦点化についてのモニター

　Table 10 に示した談話過程は，Table 9 の談話過程に後続するものである。話題が，「典子」の発話の内容にある「智」の試合出場についての「徹夫」の判断（出来事12中の表現）に移っている。「物語」の登場人物「徹夫」の内面における葛藤にかかわる読みの交流であり，第３章の Table 7 に示したカズミやスミエたちの小グループでの議論と同様の内容構造を備えた議論ととらえられる。

　139〜142の発話連鎖では，生徒たちが出来事12の時点における「徹夫」に焦点化しそれぞれの読みが示されている。「典子」のことばに対する「徹夫」の反応についての言及（139, 140）を受けて，「徹夫」の「智」への思いの変化（142）が指摘されている。続く，アサミの発話（143）は，話題となっている出来事の少し前の「物語」のことば「ふざけるな，と監督として思う。だが，父親として立場を入れ替えてみると，その気持ちも分からないではない。」を部分的に引用するものである。アサミのこの発話がきっかけとなって，「徹夫」の内面の葛藤についての読みが交流されている。

　アサミ（143）に直接的に応答するヨシコ（144）では，冒頭「監督としての」とアサミのことばが引用されている。これに呼応するように，後半には「やっぱり父親像としては」ということばが見られる。ヨシコは，Table 9 において「典子サイド」（102）という，他者の読みを創り出した「声」のあ

第 4 章 「物語」の読みが深まる過程における生徒による役割の相違　83

Table 10　登場人物についての理解深化

番号	発話者	発話内容	焦点化
138	アサミ	自然な…	
139	ヨシコ	怒られたんだったらなんだよって思えるし，悲しまれると…なんか。	「徹夫」
140	ゲンキ	なんか悲しまれっていうか哀れまれてる感じじゃない？	「徹夫」
141	アサミ・ヨシコ	あー	
142	ゲンキ	ものすごい。智がかわいそうな…になってくる。	「徹夫」
143	アサミ	なんか…でも…わたしは，これ聞いたときに，まえの，その一最初の電話で，なんか…でる子の親から電話かかってきてそれに対してふざけるなと監督として思うとかいってるのに結局，（笑い顔になって）自分の子どもを出さないことに胸が痛んでるってなんかなぁって思った。	「徹夫」／非
144	ヨシコ	監督としての…その一父…（聴取不能）徹夫は…やっぱり実力の世界だから，感情論だけで出す選手を決めるのは，まあ，けしからんことだと思ってるけど，やっぱり父親像としては…	「徹夫」
		〈中略〉	
148	ヨシコ	父親像としては，やっぱりその一自然に言われちゃったことに対して胸が痛いから，やっぱりその一息子を出してやりたいなーという部分が少しは…	「徹夫」
		〈中略〉	
154	ヨシコ	なんか，さらっといわれたことで父親サイドの感情が呼び起こされちゃった。	「徹夫」
155	アサミ	ははは。	
156	ゲンキ	かわいそーっていうニュアンスじゃない？ニュアンス的にはかわいそーみたいな。	「徹夫」
157	ヨシコ	ははは。	
158	アサミ	なんで，「自然な」だから…	
159	ヨシコ	誰の立場ではなく，監督とかそういう立場ではなく普通の人の普通の意見だったから胸が痛んだんじゃないか…と私は考えた。	
160	ショウ	実力の世界だと…分かってるけど出したいなーと	「徹夫」
161	ヨシコ	うんうん	
162	ショウ	できれば出したいなー	「徹夫」

り方を確認する発話を行っている。この Table 10 においても,「父親像としては,やっぱりその」(148),「父親サイドの感情」(154),「誰の立場ではなく,監督とかそういう立場ではなく」(159) と登場人物が出来事に意味づける意識のあり方をモニターする発話を繰り返し行っている。ここでのヨシコのように話し合いの展開の中で個人が果たす役割は比較的安定していることが知られている (佐藤, 1996)。談話の参加者のなかに発話の焦点化についてモニターする役割をとる生徒がいることで,話題となる出来事についての複眼的な意味づけが促されるものと考えられる。

　なお,ヨシコは,「物語」の出来事についての意味づけを検討する文脈で「典子サイド」と「父親サイド」ということばを使っている。前者は登場人物間の対比的構造にかかわる語用であり,後者は 1 人の登場人物の内部における対比的構造にかかわる語用である。ここで「サイド」という単語が,質の異なる対比関係に用いられていることから,生徒にとっては,出来事について意味づけを深める上で,異なる登場人物の間での対立を考えることと,ある登場人物の内部での対立を考えることとが同質の課題としてとらえられていることが示唆される。

⑵　登場人物への反感に基づく出来事への意味づけ

　出来事に対する生徒の焦点化は,登場人物への共感だけでなく,登場人物への反感,あるいは反発によって影響を受けることがある。

　次に示す Table 11 の談話過程では,Table 10 に引き続いて「智」の試合出場についての「徹夫」の判断が話題となっている。先に示した Table 10 の談話過程では,ヨシコ (144, 148, 154),ゲンキ (156),ショウ (160, 162) のように,生徒は出来事への意味づけをそれぞれ「徹夫」への焦点化によって語っていた。一方,この Table 11 の談話過程では,「徹夫」を客体化してとらえる生徒の発話が続いている。

　この談話過程において,話題となっている出来事について,自分の生活経

第4章 「物語」の読みが深まる過程における生徒による役割の相違　85

Table 11　焦点化の違いと出来事の関連付け

番号	発話者	発話内容	焦点化
163	アサミ	えーでも，最初の，そのちょっと前のところに実力を公正に判断するなら，5年生入れた方が良かったって，このときから思ってるから…完璧，実力じゃ…ない。	非
164	ヨシコ	そうだよね。なんか父親的感情が出てきたとしたらもうちょっと前か…	非
165	アサミ	でも，思ったのはさ，なんかさ，実力を優先するのが，なんか何でなのかなって言ったら，なんか20連覇がかかってる出せないやはりって言って，20連覇意識してんのにそのあとで，努力することが大事なんだよ結果なんてホントはどうでもいいんだって，なんか矛盾してるようにみえて，なんか，この人は，えっと一何のために，実力，の世界，野球は実力の世界なのかが，わかんなくなってきてんじゃないかなと思った。なんか。何のために実力のある人を出すのかって勝つためにだすのかなと思ったら，勝つことじゃなくて努力が大切だみたいな…ちょっとおかしいじゃん。考えると。	非
166	ヨシコ	それだと，話しがさぁ	
167	アサミ	まあ，違うけど…	
168	ヨシコ	後ろの方にそれてっちゃうじゃん。だけど，まあそこを踏まえて考えると，その，本人としての父親と監督としての境界線というか，（聴取不能）というかが揺らぎ始めちゃうから…	非
169	アサミ	てゆうかなんか…いろいろゆらいでんだなぁって思った。結局。	非
170	ヨシコ	あー	
171	アサミ	だから，なんか自分が思ってたことと反対のことを言われてもなんか胸が痛むって…	非
172	外山	はい。じゃあ，そろそろ（聴取不能）	
173	ショウ	でもね，父親じゃなくても，最後の試合には智を補欠に入れると思うよ。6年生で最後でしょ…	非
174	アサミ	あー	
175	ショウ	おれ，でもなんか父親じゃなくても入れちゃう気がするけど。	非

86 第Ⅱ部 読みの交流を通して「物語」を協働的に読み深める授業

験に根ざす感覚に基づいて，いわば自分に引きつけて意味づける読みを示しているのがショウ（173，175）である。ショウの発話は，この談話過程で「徹夫」に対して批判的な意見を展開しているアサミに応答するものである。

　Table 10 の談話過程を確認すると，ヨシコ（144，148，154），ゲンキ（156），ショウ（160，162）のように，3 人の生徒は「徹夫」に焦点化し，話題となっている出来事に意味づけている。これに対し，アサミの発話（143）は，「徹夫」へのはっきりとした焦点化による発話ではなく，「徹夫」の内面についての解釈を示した後に「なんかなぁって思った」と批評を加えるものとなっている。

　アサミが「徹夫」に対して他の 3 人とは異なる対応をしている理由は，話題となっている出来事におけるもう一人の当事者，「典子」についての共感のあり方にあると考えられる。Table 11 に後続する談話過程から，「典子」に対する生徒の共感のあり方が表れている発話を引用しよう。

- ・ヨシコ：「でも，どっちにしろ典子の理屈はがんばったって意味ないじゃんぐらいで…」（278）
- ・ゲンキ：「典子はどう考えてるかって以前に，別に，なんか」（256）

- ・アサミ：「勉強もどうせ結果でないし，いいことないから，絶対いいことある訳じゃないから，しなくていいやっていうのは…考え方なんだなって…」（287）

　施した下線部からヨシコとゲンキの「典子」についての共感が低く，彼女の立場から出来事を考えてみようとしてないことがとらえられる。それに対してアサミは，ためらいがちではあるものの，「典子」の主張について「考え方なんだなって…」と一定の理解を示している。

　話題となっている出来事では，「典子」にとって「徹夫」は家族でありながら自分を理解してくれない存在である。アサミは，「典子」に共感していることで，ヨシコやゲンキのように「徹夫」の意識を通してこの出来事を意

味づけることをしにくくなっていると考えられる。アサミの発話からは，彼女にとってこの出来事における「徹夫」は"みる"対象であって，"なる"ことを試みる対象となってはいないことがとらえられる。アサミは，この後の話し合いでも「…だから，ホントは何を考えてるのってことでしょ。…ホントは何を思ってるの？」(307) とこのような読み方を継続している。

Table 11 において，アサミの一連の発話は，読み手の現実の文脈に引きつけて出来事のイメージを精緻化するショウの発話 (173, 175) につながっただけでなく，「徹夫」の内面について言い表す「境界線」や「揺らぎ」というヨシコのことば (168) を導いている。先にも言及したとおり，読み手と主人公の類似性の高低が共感に影響を与え，それが「物語」の理解を変えていくと考えられている (米田・楠見，2007)。アサミの読み方は，「物語」の出来事について複数の登場人物が当事者としてかかわる場合には，ある登場人物への共感が別の登場人物への反感や反発につながったり，ある登場人物への反感や反発が別の登場人物への共感につながる場合のあることを示している。そして，この談話過程においてアサミが果たした役割からは，登場人物に"なって"みる共感的な読みと，登場人物に対する反感や反発にねざす非共感的な読みが談話過程に対置されることで「物語」についての読みが深まっていくことが示唆される。

3　交流を通した読みの深まり

次に Table 12 として示すのは，授業時間が残り 3 分となった時点からの小グループでの話し合いの発話記録である。話題となっているのは，2「小グループと話題」で引用した箇所に続く，「物語」の次の部分である。

> だが，智は補欠の七番手だ。監督の息子だ。チームには二十連勝が掛かっている。出せない，やはり。
> 「実力の世界だからな。」と徹夫は言った。「あいつも，もうちょっとうまけりゃいいんだけどなあ。」と続け，口にしたとたん，ひどい言い方をした，と思っ

88　第Ⅱ部　読みの交流を通して「物語」を協働的に読み深める授業

た。

　典子は黙って窓から離れ，座卓においてあったみかんを一つ取って，それを手のひらで弾ませながら言った。

　「ふうん，どんなにまじめに練習しても，下手な子は試合に出してもらえないんだあ。」

　〈中略〉

　「…努力することが大事なんだよ。結果なんて，本当はどうでもいいんだ。」

　「じゃあ，今日の試合，負けてもいいじゃん。」

　屁理屈だ。それが分かっているのに，言い返すことばが見つからない。

　典子は部屋を出がけに，徹夫を振り向いた。

　「努力がだいじで結果はどうでもいいって，お父さん，本気でそう思ってる？」

　徹夫は黙って，小さくうなずいた。

　「智ってさあ，中学生になったら，あたしみたいになるかもよ。がんばっても，なあんにもいいことなんてないじゃん，って。」

　典子が二階に引きあげた後，徹夫は思った。

　屁理屈を並べていたのは，本当は自分のほうだったのかもしれない。

（pp. 53-54 から抜粋）

Table 12　交流を通した生徒の読みの多声化

番号	発話者	発話内容	焦点化
345	ゲンキ	だからさ，徹夫は屁理屈を言ってないと思うんだよね。	非
346	ヨシコ	だから…	
347	ゲンキ	だから，そもそも，だから徹夫自身が，ただただ自信がないだけという気がして…ならないんですが…	非
348	ヨシコ	うん。本人の自覚的な問題で，	非
349	アサミ	でも最初の場面でさ，すごいさ，智がさ努力してるところが，やってて，なんか，朝から試合に出ないのが100%なのに，なんか努力してるからー	「徹夫」
350	ヨシコ	うん。	
351	ショウ	試合に出るための努力じゃん…	「智」
355	ショウ	ホンとは，試合に出るための努力だから，それはもう出れれば，それはそれが一番ベストなんだけど，でれなかったとし	「智」／「徹夫」

第4章 「物語」の読みが深まる過程における生徒による役割の相違 89

ても努力が大事だよっていうことでしょ。言いたいのは。で
れなかったとしても，努力は，無駄にならない…別にすじは
通ってると思うんだけど…だから，結果は，どうでもいいけ
ど，結果を目指していくもんだから，それはある種の目標で
あって，達成できなかったとしても努力は，無駄にならない
よって言う論理な訳でしょ。…

356	ヨシコ	あー	
357	ショウ	…お父さんは。だから別に，お父さんは屁理屈でも何でもな いし，	「智」
358	アサミ	えーでも，なんか…	
359	ショウ	典子が，ただ単に揚げ足を取って屁理屈を言ってる。	非
360	アサミ	自然な言い方で胸が痛んだから，うろたえちゃってなんかそ の後，なんか，でもやっぱ監督だから実力の世界といわない とかなって思ったけどみたいな。なんかうろたえてるから， なんかちゃんと言えないといけないのかなと思って…	「徹夫」
361	ゲンキ	なんかだから自然に典子になんか，出してやればいいのにっ て言われて，出したいとか思って，だんだんこう自信がなく なって来たところに，この典子の（聴取不可）がやってきて， うちこまれて，自信がどんどんなくなっていっただけだと僕 は思う…	「徹夫」
362	ショウ	言いたいことは，筋とおってる。	非
363	アサミ	「実力の世界だからな。」なんか，「あいつももうちょっとう まけりゃいいんだけどな」ってね。なんか…	「典子」？
364	ゲンキ	だって，うまけりゃ出れるじゃん。	
365	ショウ	うん。	
366	アサミ	出れるけどさ…なんか…「ひどい言い方をした，と思った」 んだから，それはちょっとひどいなって思った。	「徹夫」？ 「典子」？
367	ヨシコ	それは多少意地悪な響きが加わっちゃったから「ひどい言い 方をした」って思ったんで，言ってること自体は…	「徹夫」 ／非
368	ゲンキ	事実だよ。	非

　Table 12 の談話過程では「徹夫」が「典子」に向けて発話した2つのセリ
フ（「実力の世界だからな。」，「あいつも，もうちょっとうまけりゃいいんだけどな
ぁ。」）をめぐって交流が行われている。

90 第Ⅱ部 読みの交流を通して「物語」を協働的に読み深める授業

　談話過程の発話の焦点化の様態と発話連鎖の意味的な応答関係から，アサミがこの読みの交流を通して話題となる出来事への意味づけを多重化していく過程をとらえることができる。談話過程の冒頭においてアサミは「徹夫」に焦点化して話題となっている出来事と場面1の出来事3（Table 3参照）とを関連付けて読みを示している。アサミ360の発話でも，「徹夫」への焦点化を継続し，引用部分の直前（場面2の出来事12（Table 3参照））の「典子」の発話に対する「徹夫」の心内表現「ごく自然な言い方で，だからこそ，胸が痛む」を関連付けて読みを展開している。このアサミの発話に答えて，ゲンキ（361）が「徹夫」へ焦点化する読みで答えている。ここで「徹夫」の内部における「声」の葛藤が談話過程に顕在化しているととらえられる。アサミは発話363で虚構世界の「徹夫」の発話を引用して，これに対しての違和感を「なんか」ということばで示している。発話の焦点は，発話者である「徹夫」ではなく，その発話を受けとめる「典子」にあると考えられる。発話366では，話題となっているセリフの後の「ひどい言い方をした，と思った」という「徹夫」の心内表現を引用して，「徹夫」のこのセリフについての評価を示している。ここまでをまとめると，この談話過程において，アサミは「実力の世界だからな。」，「あいつも，もうちょっとうまけりゃいいんだけどなあ。」という虚構世界の「徹夫」の発話を，「徹夫」と「典子」，そして自分自身の意識を通して聞き，「物語」の出来事を語り直しているととらえられる。

　前項までの分析と考察を踏まえると，このようなアサミの読みの深まりには，「徹夫」に対する共感の低さと「徹夫」に共感的な（「典子」に反発を感じている）他の生徒との応答関係が影響していると考えられる。アサミはTable 12中5回の発話のうちに7回「なんか」ということばを使って自身の読みを示している。アサミはこれまで「徹夫」の言動に対して批判的な読みを示してきた（例えば発話165）。ここでは，そのアサミとは対照的に，ゲンキとショウ，ヨシコが，それぞれ「徹夫」の言動に対して理解ある態度を示し

ている（345, 357, 367）。2の(2)で確認したように，彼らの「徹夫」への共感は「典子」への反感と表裏の関係にあると考えられる。この Table 12 でも，ショウは「典子が，ただ単に揚げ足を取って屁理屈を言ってる。」(359) と発話している。「物語」の登場人物に対して異なる読みを示すこのような他の生徒の存在が，アサミのこの反応を促していると考えられる。

　ここでのアサミの読みの深まりについて考える上で，忘れてはならないのが「物語」の物語言説の語りのあり方である。虚構世界の「徹夫」の発話を「徹夫」の意識から聴くアサミの読みのあり方は，登場人物間の会話をカギ括弧の使用で直接的に示した直後に「徹夫」の心中を語る「物語」の物語言説のあり方と鏡写しである。アサミが366の発話で引用した物語言説を細かく見ると，「『ひどい言い方をした，』と思った」と「語り手」の発話の内部に「徹夫」のことばの引用がある。語られる「徹夫」と語る「徹夫」の2つの「声」に基づくことばが接している。ここで引用されている物語言説の明示的な二声性が，この出来事についての生徒の意味づけの多重化を促したと考えられる。

第4節　総括考察

　本章では，出来事の当事者としての登場人物が複数登場する「物語」についての読みの交流過程における，生徒間の相違と異なる「焦点化」のあり方を示す発話がどのように絡み合い，読みの深まりにつながっているのかを検討した。その結果，次の3つの知見が得られた。

　第1点として，教師が設定した問いが求める焦点化と異なる焦点の設定を行った生徒の発話における語用のあり方から，生徒が談話過程に自分の読みを示していく際の焦点化の決定に登場人物への共感がかかわっていることが示唆された。3章で得られた知見とこれを合わせ，交流の談話過程に生徒が自身の読みを示す際の焦点化は，①「物語」の語りにおいて話題となる出来

事がどのような焦点化で示されてるか，②応答しようとしている生徒がどのような焦点化において談話過程に読みを示しているかということ，③話題となる出来事の当事者のうちどの登場人物に共感／反感を感じるかという3つの要素が相互に作用する中で生徒は交流の場に自身の読みを示していくものと考えられる。

　第2点として，特定の登場人物に対する共感のあり方が異なる生徒の読みの交流から，特定の登場人物に対する共感的な読みと反感や反発に根ざす批判的な読みが談話過程に対置されることで「物語」についての読みが深まっていくことが示唆された。

　第3点として，交流を通して出来事に対する意味づけを多重化した生徒発話の内容の検討において，物語言説における二声性の顕在的表現が，出来事についての生徒の意味づけの多重化にかかわることが示唆された。

　ここから，「物語」についての読みを協働的に深める過程について次のようにまとめられる。生徒が交流を通して「物語」についての読みを深める過程において，「物語」の登場人物に対する共感，あるいは反感という生徒による感情的反応の違いや談話過程において果たされる生徒の役割の違いが，個々の発話における焦点化のあり方に作用し，その個々の発話における焦点化の違いが出来事について多重的意味づけを可能にしているということである。しかも，個々の生徒の発話の焦点は，「物語」との関係や教師から与えられた問いにおいてのみ決定されるのではなく，読みを交流する他の生徒の発話の焦点化やそれまでに行ってきた議論で残された問いが促す焦点化の影響を受ける。読みの交流とは，生徒と「物語」の間，そして教室のメンバー間の相互交渉のダイナミクスの中で一回的に構成される。

　第1章で紹介したようにKomeda et al. (2009) では，読み手と主人公との間の類似性と共感のあり方について議論が行われ，「物語」の主人公と読み手自身の内向性・外向性という性格が類似していることがその共感に影響を与えることが示されている。本章における事例分析の結果からは，読み手と

第4章 「物語」の読みが深まる過程における生徒による役割の相違　93

主人公以外の登場人物との間の類似性と共感のあり方が，読み手の主人公に対する共感のあり方に影響を与えることを示唆される。ただ，すべての「物語」が，その他の登場人物と明確に区別される1人の主人公を持つわけではない。「物語」によっては複数の魅力的な登場人物が活躍するものもある。また，長編になると語り手によって焦点化される人物が全体を分節する章の単位で替わる「物語」もある。文章理解についての認知心理学的な研究で想定される「物語」をより現実的な条件を備えたものとしてとらえ直し認知過程モデルを洗練していく必要があるだろう。本章において考察した特定の登場人物への反感や共感が，別の登場人物への共感や反感につながるという読み手の心理的な機制はその際に考慮すべき要素となる。

　本章では，「焦点化」と「声」の概念枠組みに依拠した分析によって，登場人物の発話という，虚構世界において聴覚でとらえられる情報についての意味づけの相違にかかわって展開する談話過程の解釈を行った（Table 12）。「視点」概念に依拠する分析では，視覚においてとらえられる情報が議論の中心となり，聴覚，触覚，嗅覚，味覚などの感覚においてとらえられる情報については議論の対象となりにくい。このような非視覚的情報について議論の俎上に載せることができる点も「視点」概念に対するアドバンテージと言えるだろう。さらに重要だと考えられるのは，「物語」の虚構世界を構成する物語言説の二声性そのものを対象として扱える点である。「物語」の虚構世界におけるある登場人物の発話が，物語の出来事の要素として重要な位置を占める場合がある。たとえば，この「卒業ホームラン」のように登場人物の言語コミュニケーションやそれによって構成される関係性が主題となる「物語」においてである。Table 12 で見たように物語言説に二声性がはっきりとした形で表れ，出来事に入れ子構造を持った意味づけが行われる「物語」を理解する際に「声」と「焦点化」の概念枠組みが有益であると考えられる。

　本章では，「物語」の読みを協働的に深める談話過程がどのように構成さ

れるかという点に着目し分析を行った。ただ，生徒個人が読みの交流を通して自身の読みをどのように更新しているかという課題については十分に検討を行えなかった。次の第5章と第6章では，この自己内対話の過程に注目して議論を進めるものとする。

　また，本章の授業事例で扱われた「物語」は，終始，「徹夫」という1人の登場人物に焦点化しながら語ることを基調とするものであった。すなわち，その物語言説に「物語」における特定の登場人物と語り手とを同一視しながら読むことを促すような特徴が備わっていた。ただし，一般社会や学校教育において読まれる「物語」にはこれとは異なるタイプの語りの構造をもったものも多い。そこで，第5章以降，登場人物と語り手の関係について意識的に考えることが促されるような「物語」を教材とする授業を分析する。

第Ⅲ部　「物語」を協働的に読み深める
授業における生徒の自己内対話

　はじめに，第Ⅲ部を構成する第5章と第6章において分析の対象とする授業実践の概要について説明する。

　第5章から第6章において分析の対象とする授業事例のデータは，九州地方の公立高等学校B校（普通科）で行われた国語の授業のものである。観察を行ったB校の規模は，1学年5学級である。観察を行ったのは2008年度である。対象学級は第1学年の学級である。

　観察において，観察者は授業者として生徒とかかわり合いをもちながら交流的観察を行った。分析の対象として取り上げる事例を含む単元（12時間計画）では，後日，実践報告を行うことを念頭に音声データやワークシートやノートのコピーなどを収集した。データの収集は3つの学級で行った。本研究では，そのうちの1学級（男子23名，女子16名，計39名）について事例をとりあげる。

　実践者として観察を行ったのは，生徒が他者の読みを自己の読みにとりこむ過程をとらえられるデータを十分に収集できると考えたためである。交流を通して「物語」の読みを協働的に深める授業における生徒の音声によるやりとりのみを分析の対象としていては，彼らがどのように他者の読みを受けとめたか，またやりとりの過程をいかに振り返ったかということを適切にとらえることは難しい。そのため，これと合わせて授業の中で彼らが取り組む書く活動に着目することが考えられる。ただ，何の制約もない中で自分のために書かれたメモは他者から見た場合には，その意味するところを状況と関連付けて解釈することが難しい。このような問題を克服するために，そのメモが授業中のどの学習活動において書かれたものか判別できるよう，授業の

展開に即したワークシートの記述を分析対象とした。また，読みの交流において出合った他者の読みがどのようなものであったか，それに基づいて自分の読みをどのように更新したのかがとらえられるような記録のあり方について実践的な手だてが必要だった。実践者として観察を行ったのは，このような課題に対応するためである。

第5章から第6章において分析・考察の対象とする授業事例では，授業時間において生徒が取り組んだ学習活動の過程を分節化してとらえることができるワークシートが用意されている。さらに，個別の学習時において自身の意見を記入する際には鉛筆を使用させ，小グループでの話し合いや教室全体における議論における記入に際しては青ボールペンを使用させるという手だてを講じている。この手だてによって，ワークシートの記述が書き入れられた順序が視覚化され，授業において生徒が交流を通して「物語」について読みを深める過程を分節化して分析することが可能となっている。これに加えて，このような分析上の手だてが施されたワークシートを他の生徒の記述と対照しながら分析することで取り込まれた読みがもともと誰のものであったのかという著者性の同定も部分的にではあるが可能となる。

自身の実践についての研究では，記述的分析において事例についての恣意的な解釈が行われる危険性が考えられる。そこで，記述的分析の妥当性を収集し，これを確保するために，授業中に生徒が記入したワークシートを可能な限り採集するだけでなく，1次記録資料として授業における音声データを収集し，これを記述的分析と照らし合わせることで妥当性を高めることとした。

なお，授業実践を客観的にとらえるために，授業実施とデータの解析との間に1年以上の期間をおいている。したがって，観察によって授業がゆがめられたことはないことを付言しておく。なお，授業実践において，ワークシートへの記入に際して筆記具を変えることは，生徒が自分の意見と他者の意見とを区別し相対化してとらえるための手だてとして説明されている。

授業者は，教職歴10年であった論者である。論者は，2000年頃から論理的な思考力の育成に関心を持ち，国語の授業において討論についての心理学的なモデル（Toulmin, 2003）を紹介したり，授業に小グループでの学習活動を導入したり，話し合い活動を行う前に自分の考えを書く場面を設定するなど実践上の工夫を行ってきた（濱田，2007）。また，対象学級では，4月の入学時から対話的な話し合いが行われるような教室の雰囲気作りを心がけ，互いの意見について積極的に聞くこと，すなわち質問することを促し，意見についての根拠を確認し合うといった話し合いのルールの共有が図られていた。また，本単元においては文学作品の「唯一の正しい読み」を求めるのではなく，読みの交流を通して個々人がそれぞれの読みを深めることを目標に実践が行われた。生徒は，分析対象となる単元（12時間）の終わりに次のような感想を書いている（濱田，2008）。

- 「グループの話し合いがあったので，自分の意見を持ち，友だちがどのように読み取ったのかを知ることができ，なぜそのように考えたのかを根拠を示すことで，より深い読みができたのではないかと思います。」
- 「話し合いの時には，みんながそれぞれ違う意見を出していました。私も自分なりに意見を言ってみると納得してくれたり，そこは違うのではないかと言ってくれたりしたので，活発な話し合いができたと思います。」
- 「グループの人の意見に納得したり，分からないことがあれば質問したりすることで，さらに深く読むことができたと思います。」

　単元の初期の段階においては，机は授業の開始時や個別の課題解決学習時には前方に向けられていた。小グループでの学習活動の際には，席の近い3人で机を合わせるよう指示した。その際，小グループが同一の性別の生徒によって構成されることがないよう配慮した。単元の後期においては，机の配置が授業の開始時から小グループの形態であることもあった。

　分析の対象となる単元では，まず生徒が「気になった表現・追究してみたい疑問」として複数の項目を書き出すことが行われた。この生徒の問いにつ

いて教師が場面やテーマを基準に整理を行い学習課題として編集し，これに基づいてワークシートを作成した。ゆるやかではあるものの，クラスメイトの誰かが出した問いについて考え，また，自分の問いについてクラスメイトが考えるという構造になっている。授業の基本的な展開は，ワークシートの学習課題について生徒がそれぞれの考えを書き入れ，それを小グループで交流し，さらに教室全体で議論を深め，まとめとして生徒が授業過程を振り返るという一連の流れが繰り返された。

　第5章から第6章，さらに第7章において分析の対象とする授業事例における教材は，芥川龍之介「羅生門」である。授業において使用されている教科書（明治書院『新精選国語総合』）では，1段組12ページの分量である。「羅生門」の語りの特徴として，地の文において「旧記によると」として『方丈記』を思わせる他のテキストがほのめかされること，「作者」という自称において語られる文のあること，物語の舞台が平安朝でもあるにもかかわらず「Sentimentalisme」というフランス語が用いられていること，「申の刻」と「何分」という2つの時制の併用がなされていることなどから，2つの時空を同時に語る重層性が指摘されている（田中，1996）。石原（2004）によると，その「語り手」が，何よりもまず，自らを顕在化させるのに，語り口よりも何よりも情報量の多さを誇示し，自分は誰よりも知っているという形を取っているとされる。「羅生門」について生徒が初発の感想を書く段階においても，この物語本文の語りの重層性について意識を向けた読みが行われることが報告されている（丹藤，2010）。第3章，第4章の「卒業ホームラン」とは異なり，いわゆる「主人公」と「語り手」が同一視されにくい「物語」ととらえられる。

　「羅生門」の物語言説の構造について，ジュネットの論に基づいて整理したものが Figure 3 である。「下人」を当事者とする出来事の生じている世界と「物語」が読まれる物語行為の世界の間に，「作者」と自称する登場人物が「下人」という登場人物について語る中間的世界が存在する。「羅生門」

第Ⅲ部 「物語」を協働的に読み深める授業における生徒の自己内対話　99

Figure 3 「羅生門」の物語言説と読み手である生徒

では登場人物「下人」は「作者」において対象化されており，その区別は明確である。そのため，語りの焦点がこの2者の間で移動する場合にはそのことが意識化されやすいと推定される。本研究において分析する授業事例においても，初読後に生徒の書いた「気になった表現・追究してみたい疑問」を確認したところ，複数の生徒が語り，あるいは語り手について探求したいと書いていた（濱田, 2010, p.60）。一方，「卒業ホームラン」の物語言説には，このような中間的世界の出来事は書き込まれていない。理論的には，出来事の当事者たる「徹夫」とその出来事を語る「徹夫」という区分でこのような中間的世界が内在する。ただし，第3章・第4章で分析の対象とした授業事例ではこのような景観の関連付けは確認できなかった。

　本章で分析対象とする授業において議論の話題となっているのは「物語」の開始部である。「羅生門」は「ある日の暮れ方のことである。一人の下人が，羅生門の下で雨やみを待っていた。」と語り出される。「物語」の後半で「老婆」が登場するまで，出来事の当事者となる登場人物は「下人」のみという状況で語りは進められる。「物語」の開始部において読み手は文脈の視

点にあまり影響を受けず，適切な視覚的イメージの視点を模索しながら読むことが示されている（福田，1995）。そのため，焦点化という観点から見た生徒たちの前半部分についての読みの違いは，登場人物「下人」に焦点化するか否かという違いとなると予想される。この点において，どの登場人物に焦点化するかが問題となった重松清「卒業ホームラン」の授業とは異なっている。

　ここで「下人」の属性を確認する。性別は男性である。置かれた状況としては，「四，五日前に」，「永年，使われていた主人から，暇を出された」とあり，「何をおいてもさしあたり明日の暮らしをどうにかしようと」しながらも，「『盗人になるより他に仕方がない。』ということを，積極的に肯定するだけの，勇気が出ずにいたのである」と説明される。単元の初期の授業において，これらの情報に加え「右の頬にできた，大きなにきび」や「両足に力を入れて，いきなり，梯子から上へ飛び上がった」などの表現を根拠に「主人公：社会的・年齢的に境目にある」と板書がなされ，生徒はノートにこれを書き写している。

　複数登場する主要登場人物のうちの一人に焦点化することを基調に語られる「卒業ホームラン」と違い，「羅生門」の該当部分の登場人物はただ一人「下人」のみである。そして，その語りの意識のあり方は「下人」への焦点化と「語り手」の意識そのものから語られる非焦点化とがいくつかの段落を単位として入れ替わるというものである。このため，生徒の読みにおける「焦点化」の相違は，「卒業ホームラン」を読む場合のように異なる登場人物への焦点化としては生じないことが予想された。

　なお，「羅生門」の前半部分（形式段落９まで）の「物語」は，登場人物「下人」を対象化する非焦点化の語りを基調として語られる。ただ，第５段落において登場人物「作者」への言及がありこの「物語」の二重の景観が読者に意識されることになる。

第5章　他者の読みの取り込み

第1節　本章の目的

　生徒が他者の読みを自らの発話の中に取り込む際の自己内対話過程について事例に即して具体的に検討することが本章の目的である。

　「物語」を協働的に読み深める授業において，生徒は他者の読みに出会い，自らの読みを振り返り，それぞれの読みを更新する。この読みの交流において，生徒は自らの読みを他の生徒のことばをその中に取り込んで語ることが知られている（Knoeller, 1998）。その過程では，それぞれの読み，あるいは読み方が相対化される。本章では，個々の生徒がこの相対化を越えて，他の生徒との対話的交流を通して「物語」に示された出来事について新たに意味づけを行う創発の過程について明らかにする。

　第3章・第4章では，談話過程に音声として表れる生徒の発話を分析の対象として，「物語」を協働的に読み深める授業における生徒の実態について考察を行ってきた。本章では，音声による談話過程に加え，授業中に生徒がワークシートに書き込んだ内容についても分析の対象とし，生徒が他者の物語を取り込む際の自己内対話の過程について検討を行う。

第2節　方法

1　対象授業

　検討する授業事例における課題は，生徒が初読時に書いた「気になった表

現・追究してみたい疑問」をもとに教諭が場面ごとに編集したものである。分析の対象とする授業で使用されたワークシートのタイトルは「描写が語る物語世界」となっている。教師は，登場人物の周囲の状況についての描写を登場人物の心理と関連づけるという読み方，すなわち，「語り手」の意識を通して生徒がこの出来事を意味づけることを予想し，また期待している。ワークシートのレイアウトは上下2段組で，上段の欄には生徒が気がかりや疑問としてあげた状景や事物についての描写が「物語」から部分的に引用され印刷されている。下段の欄には，その引用箇所に対応する生徒それぞれの読みを書くことができるように空欄となっている。

　ワークシートへの記入にあたっては，生徒に自身の意見を他者の意見と区別させ相対化してとらえることを促す実践上のねらいから，また，内的な過程である生徒の読む行為をとらえる手だてとして，個別の学習活動時とグループや教室全体での学習活動時で筆記具を変えるよう指示がなされている。個別の活動時における記入では鉛筆が使用され，グループでの話し合いで提示された他者の読みや全体の交流の場で気づいたことの記入には青ペンが使用された。この手だてによって，第三者でも読みの交流の過程を分節化してとらえることが可能になっている。

　なお，生徒が単元の1時間目に書いた「気になった表現・追究してみたい疑問」は，教師がクラスごとに一覧としてまとめ，2時間目の授業の際に生徒へ配布された。また，単元を通して，授業における課題解決の過程は，基本的に「個別→小グループ→全体→個別」という活動形態の移行を伴って進行した。授業が読みの交流を通して個々人がそれぞれの読みを深めることを目標としていたため，授業の終末に唯一の正解となるような読みを教師が提示することはなかった。

2　小グループと話題

　第4章までに議論したように，「物語」の理解には，属性や性格などの諸

第 5 章　他者の読みの取り込み　　103

条件における相互作用によって生じる共感のあり方の違いが影響を与えていると考えられる。そこで，登場人物「下人」に対する共感のあり方に相違のあるメンバーを含む小グループを分析の対象として選定することとした。協働的な読みの深まりが生起する異質な他者との読みの交流やぶつかり合いといった対話的な状況（佐藤，1996; 1999）における読みの交流について検討するためである。

　具体的には，生徒が「物語」の初読後に「気になった表現・追究してみたい疑問」として記述した文章の内容を確認し，登場人物「下人」に対する共感のあり方が異なる 2 人の生徒，カオリ（女子）とシゲル（男子）を含む小グループを選出した。カオリとシゲルの記述していた内容を Table 13 に示す。

　疑問や違和を感じる物語言説の表現として，カオリの挙げた問いはすべて登場人物「下人」の心理にかかわっている。一方のシゲルが多く挙げているのは状景にかかわる描写の部分である。初読後の時点において，カオリはシゲルと比較して登場人物「下人」に対する共感の度合いが低く，そのため「下人」の心情についての疑問が多く示されたものととらえられる。カオリが，この「物語」について理解を深めるために，まず「下人」の意識を通し

Table 13　登場人物への共感がもたらす違和感の相違

カオリ	シゲル
・「ある強い感情」 ・ニキビを気にするところ ・なぜ「下人が雨やみを待っていた」とかいたのか。 ・下人の心にはある勇気が生まれてきた。 ・下人の心はだれも知らない。 ・下人の心からは恐怖が少しずつ消えていった。	・ただ，所々丹塗りのはげた…きりぎりすが一匹止まっている。 ・夕やみはしだいに空を低くして…薄暗い雲を支えている。 ・風は門の柱と柱の間を…吹き抜ける。 ・丹塗りの柱に止まっていたきりぎりすも…もうどこかへ行ってしまった。 ・もちろん，右の手では赤くほおに膿を持った大きなにきびを気にしながら聞いているのである。

て出来事に意味づけを行おうとしていることがとらえられる。カオリとシゲルの読みの相違ははっきりとしており，授業の展開において設定される小グループでの読みの交流が対話的なものになると推測された。

　グループは，この2人にアヤコ（女子）を加えた3人で構成されている。シゲルは運動部に所属しており，授業では積極的に挙手を行い発言する生徒である。休み時間には級友たちと賑やかに談笑する姿が見られ，外向的な性格であると判断される。一方で，カオリは，文化系の部に所属しており，授業で指名されれば発言はするが，あまり積極的に自己主張する様子は見られない生徒である。休み時間には同性の級友と静かに談笑しているが，大声を上げて皆の注目を引くことはない。アヤコは，運動部に所属している。しかし，体調を崩しがちであり，しばしば欠席する生徒である。ワークシートに自分の考えを書く課題が出されたときに空欄のままにしておくことがあるなど，自分の考えにあまり自信のない様子がうかがえる。カオリとアヤコは，どちらかというと内向的な性格であると判断される。

　考察の対象とするのは，物語の冒頭における状景の描写にかかわる解釈を中心的な話題として読みの交流が行われた談話過程である。なお，実際の授業においてもこのグループは他グループと比較して，生徒が互いに質問を多く交わしながら能動的に相手の話を聞いている様子が観察された。

3　分析の手続き

　第3・4章と同様に，バフチンの発話構成論（1988; 1989）に依拠して分析を行う。分析の主たる対象とするのは，読みの交流過程において生徒が使用したワークシートへの書き入れである。

　第1章第2節における議論で見たように，発話のうちには複数の「声」の響きを認めることができる。バフチンの発話構成論に依拠して教室の子どもの「聴くという行為」について検討した一柳（2012）は，談話過程の発話のうちに，その宛先である他者の「声」が取り込まれることを示している。談

話過程における発話は，発話者の宛先意識による編集作用を受けて形づくられる。

　ワークシートへの書き入れに注目するのは，生徒が読みの交流過程においてどのように自己と対話するのかを検討するためである。事例において使用されたワークシートへの書き入れは，発話者の宛先意識に基づく編集・加工が少ないと考えられる。この書き入れは，生徒が自身の考えを外化するために行ったもの（1次記述）と読みの交流において触れた他者のアイディアやそれに創発されたアイディアについてメモしたもの（2次記述），それらを対象化し授業の終わりに振り返り関連付けや意味づけを行ったもの（3次記述）に分けられる。これらは，いずれも教師や他グループの生徒など教室に実在する他者に何かを伝えることを目的としているわけではない。よって，第3章や第4章において見てきたような談話過程を構成する発話に比べ，先行する他者の発話をその生徒がいかに意味づけたかがより直接的に現れると考えられる。他者の発話の受け止め，すなわち談話過程における自己内対話を検討するという目的にかなう資料だと考えられる。

　以下，生徒がそれぞれの読みの焦点化に着目し，他者の読みを自らの読みに取り込む際の生徒の内的プロセスについて検討する。

第3節　結果と考察

1　読みを取り込む際の自己内対話

　次の事例において話題となっている引用箇所は「門の屋根が斜めに突き出した甍の先に重たく薄暗い雲を支えている」である。次にこの文を含む形式段落6を示す。

　　　　雨は，羅生門を包んで，遠くから，ざあっと云う音を集めてくる。夕闇は次第

に空を低くして，見上げると，門の屋根が，斜につきだした甍の先に，重たく薄暗い雲を支えている。

　話題とされている部分の焦点は，前文の「音を集めてくる」という述語，そして「羅生門」の下の位置から「見上げると」という動作にかかわる描写から「下人」にあると判断される。前項で話題とされていた引用部分と同じく，ここでも登場人物に焦点化してその感覚においてとらえられたこととして出来事が語られている。

　Figure 4 は，読みの交流においてカオリがシゲルの読みを取り込んだことがとらえられるワークシートの記述（左）と消された文字の痕跡から復元した 1 次記述の内容（右）である。□は，判読不能の箇所である。他の書き入れとの関係から「羅生門」だと推測される。

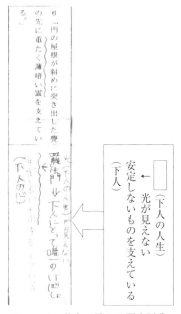

Figure 4　他者の読みの再文脈化

第5章 他者の読みの取り込み　107

　カオリのこの2次記述をみると，シゲルの読みの取り込みにおいて彼女が
自身の元々の読みを新たな文脈に組み直していることがとらえられる。カオ
リは，1次記述の段階では，引用部分に描かれている状景について自身の意
識からとらえられるイメージを書いている。これに対し，シゲルは1次記述
において「下人の心に，重くのしかかる不安感？」と描かれている状景を
「下人」の不安心理と重ねて読んでおり，はっきりとした形ではないものの
「下人」の意識が踏まえられている。この記述の左下には「居場所のない下
人の唯一の寄所」と書き添えられている。「居場所のない」ということばと
「唯一」という限定のあり方から，「羅生門」に対する「下人」の意識を通し
た意味づけだととらえられる。

　カオリは，読みの交流において，シゲルのこの読みを自身の読みに取り込
んでいる。まずカオリは，1次記述で書いていた右の2行をいったん消して，
1行に「光（下人の人生）が見えない」とまとめ右に寄せて鉛筆で書き直し
ている。2次記述のレイアウトを見ると，1行目と2行目では2行目がやや
大きな文字で書かれており，中央部の「←」を生かして「羅生門⇒下人にと
っての唯一のいばしょ」と2行目に書くために，1行目をやや小さめに書い
たととらえられる。つまり，シゲルの示していた「羅生門」に対する「下
人」の意味づけを自分の読みの中に明確に位置付けるためにこのような書き
直しを行ったことが推定できるのである。

　次に，カオリは鉛筆書きの「（下人）」を途中まで青ペンでなぞって「（下人
の心）」と上書きしている。「（下人の心）」は「安定しないもの」と一部重な
るほどくっつけて書かれている。「安定しないもの」の内容として「（下人の
心）」を書き添えたものととらえられる。この「安定しないもの」という読
みと「重たく薄暗い雲」という「物語」のことばには，この2つの対応を示
す波線が施されている。カオリのこの2次記述からは，シゲルの読みを取り
込むに当たって，彼女が，「物語」のことばとそこに結びつけた自己の読み
との関連性について振り返り，描かれた情景を登場人物の心理に結びつけて

読むという読み方を確認していることがとらえられる。

　カオリが，自分の読み（1次記述）に対して他者の読み（2次記述）を書き加えていく具体的な過程は，交流において他者の読みを自身の読みに取り込む際の自己内対話が他者のことばを「再文脈化（recontextualizing）」（Cazden, 2001）する過程と見ることができる。「物語」の状景についての「下人」の「声」を踏まえたシゲルの読みは，「物語」の世界における「羅生門」というモノの存在についてのカオリの理解が深まる過程に位置付けられている。

　ある生徒の読みが他の生徒の読みに取り込まれることは，その読み示した生徒にとっても対話的な出来事としてとらえられる。以下，これまで見てきた事例をシゲルの側から解釈してみよう。

　(1)で話題となっていた「門の屋根が，斜につきだした甍の先に，重たく薄暗い雲を支えている」という「物語」のことばは，シゲルが初読後に「気になった表現・追究してみたい疑問」として挙げた描写であった。すなわち，シゲルは1次記述の段階では，自分の問いに自分で答えているのである。

　発話というものを常に他の発話に対する返答と見なすバフチンの発話構成論では，発話のイントネーションは，その発話に対する発話者の態度をあらわすものととらえられる（バフチン，1988，p. 160; pp. 174-175）。先ほど見たようにシゲルは1次記述の文末に疑問符「？」を付していた。この疑問符は，シゲルがみずからの発話の対象意味内容に対してとった主観的・情動的な評価のイントネーション，すなわち，先行することばへの十分な返答とこのことばがなりえていないと彼がとらえていることを示している。

　個々の発話は談話過程に位置付けられる。シゲルのことばに付された疑問符は，このことばに対するより深く本質的な了解をしめす応答のことばをさがしだす誰かを宛先として求める役割を担っていた。先ほど見たようにカオリが，このことばの宛先となることを引き受け，自らの読みに組み込んで書くことでシゲルに応答した。他者の読みを自身の読みの中に取り込む際の自己内対話は，対面する他の生徒との対話の文脈と重なりながら進行する。

第5章　他者の読みの取り込み　109

「物語」をめぐってカオリとシゲルの両者は互いの発話について対話的定位
（バフチン，1988; 1989）を行っているのである。

　佐藤（2003）は，教室の学びを対象世界（モノ，教材）との出会いと対話，
教室の教師や仲間との出会いと対話，そして自分自身との出会いと対話とい
う3つの対話的実践が総合されて遂行されると述べる。カオリのこのワーク
シートへの書き込みからは，彼女が他の生徒との対話を通して，「物語」の
ことばに出合い直し，そして自分の読みのあり方を振り返っていることがと
らえられる。

2　出来事における登場人物の不在と「声」

　Table 14 は，カオリとシゲルの間で行われた読みの取り込みがとらえられ
たワークシート書き入れ（1次記述＋2次記述）である。「物語」の主要な出
来事の舞台である「羅生門」について描写する「引き取り手のない死人をこ
の門へ持ってきて捨てていくという習慣さえできた。」という「物語」のこ
とばについての読みの交流が記録されている。引用箇所を含む形式段落3は，
「なぜかと言うと，この二，三年京都には，地震とか辻風とか火事とか，飢
饉とかいう災いが続いて起こった。」と語り起こされる。この段落から形式
段落の5の第2文（「しかし，下人は雨がやんでも，格別どうしようという当ては
ない」）まで，「下人」が雨やみを待っている「物語」の虚構世界の時間の流
れが止まり，語り手，あるいは5段落に言及される「作者」という登場人物

Table 14　読みの取り込みにともなう焦点の設定

「引き取り手のない死人を，この門へ持ってきて，捨てていくという習慣さえできた。」	
【カオリ】 人気のない，さびしいところ だれも近づこうとしないところ	【シゲル】 人の死体で溢れている 災害などでたくさんの人が死んだ **近づきたくない**

※　明朝体が1次記述。ゴシック体が2次記述。なお，下線と矢印は筆者が施した。Table 15 につ
　　いても同じ。

Figure 3　再掲

の「声」によって物語言説が示されている（再掲 Figure 3 を参照）。よって，この間に語られる出来事について「下人」の意識を通して語ることについては困難がともなうと考えられる。

　1次記述（読みの交流を行う事前の段階）において，カオリは話題となっている出来事の場所である「この門」，すなわち「羅生門」がどのようなところであるのかその印象を読みとして示している。その焦点は，「下人」にはないと思われるもののはっきりとはしていない。

　一方のシゲルは，「物語」の語りが示す「羅生門」で行われた行為によって何が生じたのか，またその出来事がなぜ生じたのかという因果的な連続性から筋立てを行って，「物語」では言及されていない出来事を示している。シゲルの読みの焦点も，「下人」にはないと思われるものの，はっきりとはしていない。

　ワークシートの2次記述から，読みの交流を通して，シゲルがカオリの「だれも近づこうとしないところ」ということばを「近づきたくない」と編集してワークシートに書き込んでいることがとらえられる。この編集におい

て，カオリの読みの文の主語であった「羅生門」が補語の位置に移動している。すなわち，シゲルの読みにおいて「羅生門」は「近づきたくない」対象となっている。「羅生門」をこのようにとらえる意識は，「羅生門」に近づくことの出来る人物のものである。ただし，話題となっている出来事の語りにおいて「物語」の虚構世界の「羅生門」の下で雨やみを待っている「下人」の時間は止まっており，彼への焦点化とは考えにくい。シゲルの読みは，カオリの読みの中に存在する，羅生門に近づこうとしない「だれか」の意識から，この出来事に意味づけを行ったものと考えられる。

　この出来事についての二人の読みの交流から，「物語」の虚構世界に，話題となっている出来事にかかわる適当な登場人物がいない場合に，生徒が名前のない登場人物を想像し，その人物の「声」を踏まえて出来事に意味づけを行うことが示唆される。

3　読みの取り込みで失われるもの

　読みの取り込みに際して行われる焦点の再設定には，元々の読みにあった意味づけが部分的に失われるという側面のあることがとらえられた。
　次に示すのは，読みの交流で話題となる箇所の直前部分形式段落5の引用である。

　　作者はさっき，「下人が雨やみを待っていた。」と書いた。しかし，下人は雨がやんでも，格別どうしようという当てはない。ふだんなら，もちろん，主人の家へ帰るべきはずである。ところがその主人からは，四，五日前に暇を出された。前にも書いたように，当時京都の町は一通りならず衰微していた。今この下人が，永年，使われていた主人から，暇を出されたのも，実はこの衰微の小さな余波にほかならない。だから，「下人が雨やみを待っていた。」と言うよりも，「雨に降り込められた下人が，行き所がなくて，途方に暮れていた。」と言うほうが，適当である。その上，今日の空模様も少なからず，この平安朝の下人のSentimentalismeに影響した。<u>申の刻下がりから降りだした雨は，いまだに上がる気色がない</u>。そこで，下人は，何をおいても差し当たり明日の暮らしをどうにかしよう

として，―いわばどうにもならないことを，どうにかしようとして，取り留めも
ない考えをたどりながら，さっきから朱雀大路に降る雨の音を，聞くともなく聞
いていたのである。

（『新 精選国語総合』（2007）明治書院 p. 19 から抜粋）

　段落の内部において焦点の移動が認められる。第1文は，「下人」と「物
語」における先行の発話が対象化されている。「作者」と自称する中間世界
の登場人物に焦点化した語りである。下線を施した部分になると，語りの意
識は登場人物「下人」と重なり，その行動についての判断が「下人」への焦
点化において語られている。生徒はこの段落を読むことで，描写されている
「雨」にかかわり「作者」と「下人」の2つの「声」に接することになる。

　Table 15 に示した引用部分は，上に示した「物語」の形式段落5に続く一
文である。「雨」が「音を集めてくる」という相対的位置関係から「下人」
に焦点化された語りととらえられる。

　1次記述において，カオリは2つの文を書いている。ともに，その焦点は
「下人」にはなく，読み手／書き手の意識から意味づけが行われている。第
1文には，「ひまつぶしをさせてくれるもの」とあり，その主語は「羅生門」
だととらえられる。「羅生門」が「下人」にひまつぶしをさせるという関係
性の把握は，「羅生門」に意志を認める，いわば「羅生門」を擬人化してと
らえる「声」のあり方と言える。第2文においては，「雨」を擬人的にとら
え，それを主語として「下人をなぐさめてくれている」と書いている。

Table 15　主体と客体の交替

「雨は，羅生門を包んで，遠くから，ざっという音を集めてくる。」	
【カオリ】 ひたすら雨が降り続き，下人にとって ひまつぶしをさせてくれるもの。	【シゲル】 ただただ，雨が降りしきる音だけが聞 こえ，何も進展がない。
雨が下人をなぐさめてくれている。	何もすることがない下人が，音をきき ひまをつぶす

第5章　他者の読みの取り込み　113

Table 14 の記述についての考察を踏まえると，この出来事にかかわってカオリが「下人」ではなく，「下人」を対象化してとらえる「声」において読みを創っていると言える。このようなカオリの読みのあり方は，彼女の「下人」に対する共感の度合いが低いことと関係しているととらえられる。また，「物語」の語りにおいて，話題となっている出来事が，「雨」が「羅生門を包んで」，「音を集めてくる」と擬人的に表現されており，その「声」のあり方に影響されたものと考えられる。

　一方，シゲルの1次記述は，「ただただ，雨が降りしきる音だけが聞こえ，何も進展がない」となっている。「雨」の音を聞いているのは「下人」であるから，意識の位置は，「下人」にあると判断できる。ただし後半の「何も進展がない」という部分は，物語内容について非焦点化の意識から発話しているとも考えられ，この出来事に対する多重的な意味づけがあいまいな焦点化につながっていると見ることができる。

　2次記述から，シゲルが自身の読みにカオリの読みを取り込んでいることが確認できる。この読みの取り込みにおいて，カオリの「下人にとってひまつぶしをさせてくれる」は，シゲルによって「何もすることがない下人が，音をききひまをつぶす」と編集されている。元々のカオリの読みでは「下人」は補語である。シゲルの読みでは「下人」が主語となっている。読みの取り込みに際して，シゲルは，カオリの非焦点化による読みの焦点を「下人」に設定し直しその意識を通した出来事の意味づけを行っている。シゲルがカオリの読みを取り込む際に行った文の主客交替を伴うこの編集によって，カオリの読みに備わっていた「羅生門」という建築物に意思を仮定してこの出来事に意味づける意識のあり方は失われている。

　上記のことから，自分の読みとは異なる「声」から創り出された他者の読みを取り込む際に，自分の「声」でその読みを編集する場合があることが分かる。自分の「声」で他者の読みを上書きするのである。その結果として，元々の読みにあった「声」が失われることがある。これは，話題となる出来

事についての多様な「声」が読みの交流の過程に表れることが、そのまま生徒個人の読みを豊かに多声的なものとすることを意味しないことを示唆している。本項で見てきたカオリとシゲルの事例における読みの焦点化の様態からは、語る側の「声」と語られる側の「声」とでは非対称性のあることが示唆される。多くの「物語」では、出来事の当事者である登場人物は、語り手がどのようにその登場人物（自分）を語っているかということを意識にのぼらせることはない。これは、物語言説・物語行為・物語内容の三者の関係に由来する構造的な機制である。「物語」の登場人物の気持ちを考えることばかりを児童・生徒に求めることを戒める箴言は、ひとつにはこのような問題についての実践的な対応策としての意味合いがあると考えられる。

第4節　総括考察

　本章では、生徒が他者の発話を自らの読みを示す発話の中に取り込む際の自己内対話の過程について検討を行った。登場人物への共感のあり方が異なる生徒間で行われた読みの交流の事例の記述と解釈を通じて、次の3点が明らかとなった。

　第1に、読みの交流過程を分節化してとらえる手だてを施したワークシートの比較から、読みの取り込みに際して行われる自己内対話の過程を他者の読みを再文脈化するための新たな文脈の創造としてとらえうることが確認された。

　第2に、「物語」の物語言説において当事者が不在、あるいは明示されていない出来事を話題とする生徒の読みの焦点化の様態から、「物語」の虚構世界に、話題となっている出来事にかかわる適当な登場人物がいない場合に、生徒が名前のない登場人物を想像し、その人物の意識を通して出来事に意味づけることが示唆された。また、そのような場合において「物語」の物語言説において擬人的な表現によって語られている建造物のような非生物がある

場合，それを対象として，意識の存在を仮定しそこに「声」を見出す生徒の
いることがとらえられた。

　第3に，非焦点化による読みの取り込みに際して焦点が登場人物へ再設定
された事例についての検討から，自分の読みとは異なる「声」から創り出さ
れた他者の読みを取り込む際に，自分の「声」でその読みのことばを編集す
る場合のあることが示唆された。

　ここから，「物語」についての読みの交流における自己内対話の過程につ
いて次のようにまとめられる。他者の読みを生徒が自分の読みの中に取り込
むことは，単なる模倣ではなく創造的な行為である。この行為は，異なる読
みをつなげて話題となっている出来事についての理解を深くすることを促す
働きを持っている。その一方で，他者の読みの取り込みには，その読みを創
り出した「声」を打ち消すようなものもあり，この場合，元々の読みにあっ
た出来事の意味づけの多重性が減ぜられることになる。語り手／読み手から
登場人物への焦点の移動にともなう出来事に対する意味づけの部分的喪失は，
「物語」に対して擬人法のような修辞法がもたらす効果について考えること
と「物語」の世界をより鮮明に現実感を持ってイメージ化していくこととを
同時に進行させることが「物語」の物語言説のあり方によっては時に難しい
ことを示唆している。この意味で「物語」内容の登場人物や出来事について
考えることと「物語」の語りについて考えることが排他的に作用する場合が
あることを実践者は考える必要があるだろう。

　本章では，小グループでの学習活動において二人の生徒の間で行われた読
みの取り込みとそれに際して行われた焦点化の再設定について事例の検討を
行った。その結果上記のような成果が得られた。次章では，これをふまえ，
小グループでの読みの交流を踏まえて行われる教室全体での議論とその後に
設定された個人の振り返り場面での自己内対話過程について検討することを
通して，「物語」についての生徒の個人的な読みの深まりの過程について考
察を行う。

第6章 「物語」の読みの授業における議論と振り返り

第1節 本章の目的

　本章の目的は，小グループでの読みの交流の後に設定される教室全体での議論と授業の終末に設定された振り返りの学習活動時における生徒の自己内対話過程とのかかわりの実態について明らかにすることである。

　第5章において，生徒が他者の物語の取り込みに際して行う焦点の再設定には，ある出来事についての意味の創出と喪失という2つの側面があることが示された。ある出来事について登場人物にとっての意味を考えることと，その出来事をどう表現するのかという「語り手」の意識を考えることが，排他的な機制として働く場合のあるということである。ただ，このような困難を越えて，登場人物と「語り手」の二重の景観を関連付けて出来事に意味づけを行うことは，第1章で議論したように文学教育において目指されるべきポイントと考えられる。

　文章理解についての先行研究において，登場人物の視点にかかわる情報については，読解を行っているその時ではなく読解活動を振り返るときによく理解できるという知見がある（Albrecht, O'Brien, Mason, & Myers, 1995）。現行の学習指導要領では学習過程の明確化として「学習したことを振り返ったりする活動を計画的に取り入れるようにすること」（文部科学省，2008b, p.7）が求められている。「物語」を協働的に読む授業の実践において，小グループや教室全体での議論の後にその過程を振り返る学習活動が設定されるのも一般的なこととなりつつある。本章では，この振り返りの学習活動において生徒がどのような自己内対話を行っているのかということについて実際の授業

事例に基づいて検討を行う。

第2節　方法

1　対象授業

　検討する事例の授業過程は，生徒がワークシートへの書き入れを手がかりに授業を振り返って自己内対話を行う学習活動とそこに至るまでの読みの交流過程である。課題は第5章で分析対象としてとり上げた授業過程に続く内容となっている。Table 15 と Figure 4 に示した引用部分に加え，「大きなくさめ」，「風は門の柱と柱の間を夕やみとともに遠慮無く吹き抜ける」という2つの箇所について読みの交流を行い，それを振り返ることが求められている。読みの交流を通して個々人がそれぞれの読みを深めることに主眼が置かれ，教師は自身の読みを示すことに抑制的であろうとしていた。

　授業の大まかな流れは次のとおりである。①個別の読みを書く時間（15分），②小グループでの読みの交流（10分），③教室全体での議論（20分），④個別の振り返り（5分）。

2　小グループと話題

　対象とするのは，第5章に引き続き，カオリとシゲル，アヤコの小グループである。小グループの話し合いの際は，カオリとシゲルのやりとりを頷きながら聞きながら，時折，自分のワークシートに書き入れを行うという参加の仕方をしており，積極的には発言を行っていなかった。ワークシートを確認するとアヤコは「門の屋根が斜めに突き出した甍の先に重たく薄暗い雲を支えている。」という箇所に対しては「ずっと雨が降り続いている様子。」と書いている。しかし，他の欄については1次記述の段階では空欄だったことが推定できる。

第 6 章 「物語」の読みの授業における議論と振り返り　119

　取り上げる教室全体の議論において読みの対象となった「物語」の部分，形式段落の 7 と 8 を次に引用する。

　　　どうにもならないことを，どうにかするためには，手段を選んでいるとまはない。選んでいれば，築土の下か，道端の土の上で，飢え死にをするばかりである。そうして，この門の上へ持って来て，犬のように捨てられてしまうばかりである。選ばないとすれば，――下人の考えは，何度も同じ道を低回した挙げ句に，やっとこの局所へ逢着した。しかしこの「すれば」は，いつまでたっても，結局「すれば」であった。下人は，手段を選ばないということを肯定しながらも，この「すれば」の片を付けるために，当然，その後に来るべき「盗人になるよりほかに仕方がない。」ということを，積極的に肯定するだけの，勇気が出ずにいたのである。
　　　下人は，**大きなくさめ**をして，それから，大儀そうに立ち上がった。夕冷えのする京都は，もう火桶が欲しいほどの寒さである。**風は門の柱と柱との間を，夕やみとともに遠慮なく，吹き抜ける。**丹塗りの柱に止まっていたきりぎりすも，もうどこかへ行ってしまった。

　　　　　　　　　　　　　　　　（『新 精選国語総合』（2007）明治書院 p. 20 から抜粋）

　ゴシックのフォントで示した「大きなくさめ」と「風は門の柱と柱との間を，夕やみとともに遠慮なく，吹き抜ける。」という部分が，引用されワークシートの上部に印字されている。

　形式段落 7 の冒頭から，4 行目「選ばないとすれば」までは，「下人」の考えが直接的に示されており，「下人」への焦点化が認められる。しかし，「――下人の考えは，」と続くことで，「下人」は「語り手」の意識において対象化され，その焦点は「下人」から離れる。形式段落 8 の第 2 文以降では，「寒さ」や「風」を感じ，「キリギリス」を認めた主体としての「下人」に焦点が再度，移動していると判断できる。引用部分においては語りの焦点が固定されておらず，生徒に焦点の主体的な設定が求められる部分であると考えられる。

第3節　結果と考察

1　小グループでの読みの交流を踏まえた教室全体での議論

　Table 16 は,「下人」の行為を描写する「大きなくさめ」ということばについての小グループでの読みの交流を踏まえて教室全体で行われた議論の談話過程である。話題となっている出来事にかかわりカオリのワークシートの一次記述を見ると,話題となっている「くしゃみ」について「悪い状況を変えるための区切り」と書いていることが確認できる。「悪い状況を変えるため」ということばが,「下人」の意識を通したものとしては据わりが悪く,焦点があいまいな読みといえる。これに対しシゲルは,はっきりと「下人」へ焦点をおき,「盗人になるしかないという気持ちを吹き飛ばそうとする」と書いている。同グループのもう一人のメンバーであるアヤコは未記入であった。

　3 人のワークシートの 2 次記述の状況から,小グループでの読みの交流において,カオリのこの読みが,シゲルとアヤコの両名に取り込まれたことが確認できる。カオリの「悪い状況を変えるための区切り」という読みを,シゲルは「悪い状況を変えるための一区切り」と,アヤコは「悪い状況を変えるための区切り。」と「下人」への焦点化を変えることなくそれぞれワークシートに書き入れていた。

　小グループでの読みの交流の後,開始された教室全体での議論では,この「くしゃみ」にかかわり,「あたりが寒いということが分かる」(アユミ),「寒くなってきた」(タツヤ),「元の主人が下人の噂をした」(ユウキ),「下人の途方に暮れる感が,こうくしゃみでもうどうすることもできねーやみたいな」(ジュンヤ)といった読みが提示された。Table 16 は,ジュンヤの発言を受けた教師が,彼の読みにあった「大きなくさめ」と下人の心理の関わりに

Table 16　異なる局面での他者による物語のことばのリヴォイシング

番号	発話者	発話内容
101	教師	どうですか…。なんかこう気持ちがこもってるんじゃないかなっていうことですね。それは私も思ったんです。何か気持ちがこもってるんじゃないかっていうの…。アヤコさんどうですか?。
102	アヤコ	悪い状況を変えるために区切りとしてした。
103	教師	あ,悪い状況を変えるために区切りとしてくしゃみをしてみた。区切り…何でくしゃみが区切りになる…なる?
104	アヤコ	(カオリ,シゲルと顔を見合わす。5秒程度の沈黙)
105	教師	シゲル君何で?
106	シゲル	さっき雲がもやもやした心を表してたってあったのでそれを吹き飛ばそうと思って。
107	教師	吹き飛ばそうと思って…。それはどこに表れてますか。
108	シゲル	(2秒程度の沈黙)
109	教師	くしゃみすると吹き飛ばせる。くしゃみしようとしてしたっていうこと?
110	シゲル	(頷く)
111	教師	えーっと,私…どうかね。もう一人いってみようか。アサミさんどうです
⋮		
114	ムネノリ	「おおきなくさめ」の1行前に「勇気が出せずにいたのである」と書いてあるので,そこを奮い立たせるためにしたのではないかと思います。
115	教師	おー,そう…ね。ありがとう座ってください。どうかね。エーと今のところ,もう一回見ていこうみんなでね。〈中略〉座ってました。で途方に暮れてた。で,くしゃみを,ま,区切りにして立ち上がってるよね。確かにそう読めます。アヤコさんのところもそうだよね。そういうふうに読めると思います。

122 第Ⅲ部 「物語」を協働的に読み深める授業における生徒の自己内対話

言及しながらアヤコを指名した発言（101）に続く談話過程である。

　この談話過程では，カオリの「くしゃみ」についての「悪い状況を変えるための区切り」という読みがアヤコによって「リヴォイス（revoice）」（O'Conner & Michaels, 1996）されている。カオリは，この読みを使って発話しているアヤコを自分の「代理人」（agent）としてとらえ，この一連のやりとりを自分自身と関係づけながら聴いていたと考えられる。

　後続の過程では，教師は，生徒に考えた説明を求めたり，テキストの根拠となる箇所を示すように求める「もどし（Turning Back）」（Palincsar, 2003）を多用している（103, 105, 107）。「私…どうかね。」（111）という言いよどみや，「そう読めます。」，「そういうふうに読めると思います。」（115）から，教師が自身の読みを唯一正しい読みとして示すことについて抑制的であろうとしていることがとらえられよう。

　「くしゃみ」を「区切り」とするカオリの読みは，アヤコの発話によって教室全体の談話過程に導入された。さらに，シゲルの発話（106）において「さっき雲がもやもやした心を表してたってあったので」と「重たく薄暗い雲」を「情景描写」としてとらえたカズキの読みに関連付けられている。シゲルのこの発話は，カオリの読みを，「下人」へ明確に焦点を置く読みの中に位置付けるものである。さらに，「区切り」としての「くしゃみ」は，ムネノリ（114）によって「物語」のことばと関連付けられ，「下人」が自身を奮い立たせるためにしたという解釈を付け加えられている。ムネノリの発言を受けた教師（115）は，「今のところもう一回見ていこうみんなでね。」と「物語」のことばに「もどし」て，この談話過程に示された読みと「物語」のことばとの関連の確認を生徒に促している。アヤコのこの読みは，この談話過程において「物語」の登場人物の心理や「物語」の状景について行われたこれまでの議論と関連付けられ，「物語」についての読みの協働的な深まりを創り出している。

　アヤコの読みの焦点を明確に「下人」に移動させたシゲルの発話（106）

は，アヤコとカオリと彼の3人が形成した「タイミング（timing）」（Erickson, 1996）において創り出されている。ここで教師は，アヤコの発話への補足を同グループのシゲルに求めているととらえられる。この Table の最後で，教師は，「途方に暮れて」いた「下人」の心理を「くしゃみ」という行為に関連付ける読みについて「そういうふうに読めると思います。」と述べている。その際，教師は「アヤコさんのところもそうだよね。」（115）と，この読みの「著者（author）」（佐藤, 1994）が，アヤコたちのグループであることを確認している。

　この談話過程では，カオリの「区切り」としての「くしゃみ」という読みは，アヤコやシゲル，教師のリヴォイスを経ることで，その意味内容を少しずつ変化させている。その一方で，談話過程を通して，この読みはカオリたちのグループの（カオリの）読みという著者性を保ち続けている。アヤコはこの談話過程において「くしゃみ」を「区切り」とする読みを，なかば他人のものでありながら，なかば自分のものとして聞いていたと考えられる。小グループでの読みの交流を踏まえて行われる教室全体での議論が，唯一の正解を求めるのではなく生徒の読みの深まりを目指して行われることで，発言していない生徒であっても「自分」の読みが他者の手によって深まることを体験しうることが示唆される。

2　振り返りの学習活動における自己内対話

　Figure 5 は，Table 16 に示した談話過程の後，この授業時間の終末にカオリが授業の内容を振り返って書き込み（3次記述）を行ったワークシートである。それまでの1次記述，2次記述を対象とし，書かれた読みの関係を構造化する書き込みが3次記述として行われていることを確認できる。

　Table 16 の談話過程で話題となっていた「大きなくさめ」についての読みである「区切り」がぐるぐると丸で囲われている。「大きなくさめ」を「区切り」ととらえるカオリのこの読みは，先ほど見たように教室全体での議論

124　第Ⅲ部　「物語」を協働的に読み深める授業における生徒の自己内対話

Figure 5　1・2次記述を操作の対象とする3次記述

において，先行議論や「物語」のことばと関連付けられ，「下人」の心理との関連を明確化されている。1次記述の段階でカオリが「区切り」に託していた意味内容と後の議論における意味内容の違いについて考える際に書き込まれたものと推定される。

3次記述は，この「区切り」を中心において，これが何の「区切り」なのか？，あるいは，この「区切り」によって何がどう変わったのか？という問いに基づいて諸要素を関係づける構造化が図られている。

「区切り」の前の部分を見ると，「物語」の形式段落6にある「雨」と「雲」，それぞれの状景についての書き入れが大きな括弧で1つにまとめられている。まとまりの下には，横書きで「変わりがない」と書き込まれている。

第6章 「物語」の読みの授業における議論と振り返り　125

このまとまりの上部中央を始点とする矢印は左に伸び，形式段落8から引用された「風」の描写についての読みとして書かれた2次記述「新しい動き」に終点をおいている。カオリは，この授業の振り返りにおいて，1次記述・2次記述の読みを操作の対象とし，「物語」のやや広い範囲についての構造的な理解を創りだしている。

　この3次記述では，「大きなくさめ」を「区切り」と見ることで，「物語」から引用されている複数の出来事に対して，「物語」の世界に新たな展開が起こるだろうという予感と「安定しない」身の上の「下人」に「光が見えない」状況を脱する「勇気」が湧いてくる心理変化という2つの意味づけが同時に行われている。ここでは，「区切り」ということばが，「物語」の出来事についての登場人物の行為の景観と語り手／読み手の意識の景観とを関連付ける多層的な読みが創られる上での鍵となっている。

　他の生徒のワークシートの記述を確認すると，この「区切り」ということばを鍵とする読みの構造化は，カオリ独自の取り組みであることがわかる。1で言及したように，シゲルとアヤコのワークシートにはカオリの「悪い状況を変えるための区切り」ということばが，ほぼそのままの形で2次記述として書き加えられている。その彼らのワークシートの「区切り」についてはそれを操作の対象とするような3次記述は行われていない。

　カオリが授業の振り返りにおいて「区切り」ということばを鍵としていることは，Table 16に示した談話過程，特にリヴォイスされた自身の読みを彼女が自分自身に関係づけて聴いていたことを示唆している。カオリは授業の振り返りにおいて，教室全体での議論において別の生徒によって有声化された自身の読みと出合いなおしたのである。授業の振り返りの学習活動において，出会い直した自身の読みを手がかりに，それまでバラバラにとらえてきた出来事の間につながりを見出しそこに一貫した意味づけを新たに与えていると考えられる。カオリの3次記述の様態からは，教室全体の議論の場において発言を行わない生徒であっても，話し合いへの積極的な参加（Inagaki,

126 　第Ⅲ部　「物語」を協働的に読み深める授業における生徒の自己内対話

Hatano, & Morita, 1998）があれば，「物語」の読みの授業の終末に設定される
振り返りの学習活動が，単なる確認の時間ではなく，それぞれがその授業の
話し合いを踏まえて読みを深める創造の時間となりうることを示している。

第4節　総括考察

　小グループでの読みの交流の後に設定された教室全体での議論と授業の終
末に設定された振り返りの学習活動における生徒の自己内対話の過程につい
て検討を行った。自分の読みが教室全体の議論において他の生徒によってリ
ヴォイスされた生徒の事例の記述と解釈を通じて，次の2点が明らかとなっ
た。

　第1に，生徒の読みの交流に積極的な価値を認める教室での議論において
生徒の読みが著者性を保ったまま他の生徒の読みや「物語」のことばに関連
付けられたことから，「物語」の読みを協働的に深める授業の談話過程の展
開において生徒は他者の手による「自分」の読みの深まりを体験することが
示唆された。また，1時間の授業の内部に異なる形態での学習活動の局面が
用意されることでこのような体験の生起が促されるものと考えられる。

　第2に，教室全体の議論において発言しなかった生徒が授業の終末に設定
された振り返りの学習活動においてワークシートに書き込んだ記述の内容か
ら，話し合いを積極的に聴いていた生徒にとって，振り返りの学習活動が新
たな読みを生成する創造の時間となりうることが示唆された。

　ここから，「唯一の正しい読み」を求めるのではなく，読みの交流を通し
て個々人がそれぞれの読みを深めることを目標として行われる「物語」の授
業において小グループでの読みの交流を振り返る生徒の自己内対話について
次のようにまとめられる。読みの交流における読みの取り込みは，取り込ん
だ生徒にとっては「なかば他者の言葉」（バフチン，1996; ワーチ，2002）を自分
のものとする試みの場ととらえられる。一方で，自分の読みが他の生徒の読

みに取り込まれた生徒にとっては，他の生徒や教師の手によって「なかば自分の言葉」が利用され議論が展開する場ということになる。小グループでの読みの交流から教室全体での議論という授業局面の移行は，小グループでの読みの交流において構成されたなかば他人の，なかば自分のことばが，新たに「物語」や他者のことばと関連付けられる体験を促す。なかば他者／自分のことばとしての読みに対する著者性の意識は，議論への生徒の積極的な参加，すなわち能動的な聴き方を促すと考えられる。教室全体の談話への生徒のこのような参加のあり方が，授業の振り返りにおいて新たな読みの創造につながると考えられる。

　小グループやペア等での学習活動を授業形態に組み込むことで，子どもが相互に新たな見方や考え方，知識を共有でき，多様な生徒の声が教室の中で生かされると考えられている（秋田，2009）。本章での事例の検討からは，このような学習活動の影響が授業のその後の局面にまで及び，個人の学びの深まりを促すことが示唆される。小グループやペア等での学習において発言の機会が保障されることで，それぞれの生徒の読みが他者の読みとつながりを持つ。そのことが，後続の教室全体での議論や振り返りの機会において「物語」に示された出来事についての意味づけを更新していく動機づけの強化にもつながると考えられる。

　佐藤（1994）は，教育実践について，「認知的・文化的実践（対象世界の意味を構築する実践）」であり，「社会的・政治的実践（共同体の連帯を構築する実践）」であり，同時に「倫理的・実存的実践（自分探しを通して自己を再構築する実践）」でもあると述べている（p. 27）。本章で検討した事例におけるカオリの3次記述も，「物語」との対話と他者との対話，自己との対話という三者との対話的実践の痕跡と見ることができる。そして，このように見ることは，「物語」の読みの授業における生徒の学びを社会的でありながらも個別的なものとしてとらえる視座を用意する。本章の事例について言えば，他の生徒のワークシートを確認したところ，カオリのように「区切り」を鍵とし

て読みの再構造化を図った生徒はほかにいなかった。この時間におけるカオリの読みの深まりは，授業時間における彼女固有の体験に裏打ちされた彼女独自のものであったと言うことができる。

これまで国語科における読みの授業についての検討では「認知的・文化的実践」としての側面ばかりが重視されてきた。しかし，近年では「社会的・政治的実践」としての側面に着目した研究が行われるようになってきている(cf., 佐藤, 1996)。本章で得られた知見は，これに加え「物語」の読みの交流において生徒がいかに自己のアイデンティティを表明しているかという点に目を向けることの重要性を示唆している。

第Ⅳ部　「物語」を読む授業の授業観と教室談話

　第Ⅳ部では，第7章「読むことの授業における権威と特権化」として，「物語」を読む授業の1時間1時間を単元としてのまとまりに位置付けて検討することを通して，「物語」の読みの授業における権威と読むという行為のかかわりについて考察する。「物語」を協働的に読み深める授業においてある特定の読み方の特権化がどのような手段によって実現されるのかを記述することを試みる。

第7章　読むことの授業における権威と特権化

第1節　目的

　本章の目的は，教室談話を形づくる授業観と「物語」の読みの授業におけ
る生徒の読むという行為のかかわりを明らかにすることである。教師が事前
にプランした意図と実際の授業における生徒の姿には必ずズレが生じる。教
室での読むという行為のあり方を方向付ける授業過程の政治性，あるいは権
威性について「特権化」の概念を手がかりに検討する。

　「物語」を読む国語の授業では，教師が設定する学習課題やワークシート
の内容・様式などによってデザインされる学習環境の下に生徒はおかれるこ
とになる。一般に「物語」を読む授業は複数時間からなる単元というまとま
りにおいて実践される。1時間1時間の授業における課題は相互に関連して
おり，その関連を基礎として「物語」全体についての読みを作ることは単元
の大きな目標のひとつと考えられる。近年では，「単元を貫く言語活動」の
設定として1時間1時間の授業での課題を単元全体の指導過程に位置づける
ことが強調されるようになっている（文部科学省，2011; 文部科学省，2012）。こ
のような単元全体にかかわる枠組みは，1時間1時間の授業における生徒の
読むという行為に対してある種の方向性を与えたり，あるいは制約となると
ことが考えられる。ここまでの第3章から第6章では，「物語」を読む授業
における「読むという行為」のうち，1時間1時間の授業の内部で展開され
る小グループでの読みの交流と教室全体での議論，及びその振り返りにおい
て，生徒が「物語」の任意の出来事について意味づけていく過程について分
析と考察を行ってきた。一方で，単元としてみたときの学習指導に位置付け

た生徒の学習や教室全体での議論における権威的関係については十分な検討を行ってこなかった。

　本章では，このような観点から第5章と第6章で検討してきた授業事例を単元の授業記録や談話過程に位置づけて検討し，その結果に基づいて国語科の「物語」の授業における生徒の読むという行為について検討を行う。

第2節　方法

　B校で観察した授業について記述的分析を行う。対象をB校の授業事例とするのは，第一には単元全体にかかわる資料を幅広く収集できたためである。さらに教材が芥川龍之介「羅生門」であるためである。同作品は，高等学校一年生用のほとんどすべての国語の教科書に所収されている。しかも，教科書教材としての歴史が古く，現在，教室で「羅生門」を教材として読むことの授業を行っている教師のほとんどは自身が高校生のときに教室でこの「物語」を読んでいると考えられる。同作品を教材とする授業の実践報告も多い。このような歴史的な背景をもつ作品であるがゆえに，その授業の過程に本研究が関心を寄せる特定の読み方の特権化，あるいは権威的な関係がはっきりと表れると考えるためである。

　小森（2009）は，第一学習社，東京書籍，教育出版，大修館書店という四社の指導書の学習の手引きについて検討し，そこに次のような支配的方向性が共通して認められることを指摘している。

> 　最初は善人で盗人になることなどは考えていなかった下人が，羅生門の上で老婆に出会い，悪には悪を，また生きるためには悪を行っても仕方がないという話を聞くことで盗人になってしまった。そうして悪の道に入ってしまったのは，そのにきびが象徴するように若気の至りだったのだという図式です。
> 　このように善悪の二項対立と，若い人間のもろさという路線で整理させ，授業の現場では「君たちはそういう道に進んではいけませんよ」と言い聞かせる結果

になります。

(p. 123)

　指導書の学習の手引きに見られるこのような道徳的な読みのあり方は「羅
生門」を読む授業を構想する際に，そのままを踏襲するにしろ，あるいは対
抗，無視するにしろ教師の脳裏をよぎるものだと考えられる。

　また，国語教育研究の領域では，文学研究の知見を教科内容と関連付け，
「物語」のプロットやレトリックといった表現上の技法に着目した読みを追
究してきている。たとえば，丹藤（2010）は，「羅生門」をテクストの内的
構造＝メタレベル（ことばの仕組み・仕掛け）に目を向け，「下人」の言動がい
かに語られているかという語り手の登場人物に対する批評を問題化している。
このような立場からの授業構想は，道徳的な読みの追究に対するアンチテー
ゼとしてとらえることができる。

　上記のような文学教育をめぐる考え方，すなわち教師が「権威者」として
「既成の文学的価値や技術」を子どもに伝達する授業観は，指導書や実践記
録の議論のあり方を大きく規定していると考えられる（塚田，2005）。このよ
うな授業観に対し，第1章で言及した石井（2006）は，「物語」を読むとい
うことについて「ことばに出会い，ことばに触れ，ことばに内在する出来事
に出会い，その出来事に身を置く，いや，その出来事を自分の世界に引き込
むということなのだ。」(p. 40) と述べている。授業を「教師の教えたいこ
と」からではなく「子どもの学びに寄り添うこと」から構想する点で，上記
のような国語科教育のあり方とはまた異なっている。授業の過程に「物語」
についての読みを交流する学習活動を導入し，その過程を充実させようとす
るこのような授業観は，上記のような実践の課題を乗り越えようとする試み
としてとらえられる。

　第5章，第6章で検討してきた授業実践は上記のような「物語」の読みの
授業の授業観のそれぞれから影響を受けている。筆者は，それまでの10年の

134　第Ⅳ部　「物語」を読む授業の授業観と教室談話

教職経験の間に5回以上この「羅生門」を読む授業を行っており，そのたび
に指導書の内容を参考にして授業のプランを立てていた。また，小グループ
での学習活動や生徒の問いに基づく学習課題の設定など「子どもの学びに寄
り添うこと」を目指しながらも，「物語」を読むための技能として物語の語
りの構造や語り手の批評意識について教えることを考えて単元の展開を構想
している。

　分析の対象とするのは単元の全12時間の授業において使用された生徒のノ
ートとワークシートの記述内容，配布されたプリントである。第5章，第6
章の事例との関係を考慮して，「カオリ」と「シゲル」のものを主たる対象
とし，必要に応じて同クラスの他の生徒のものも参照する。

第3節　結果と考察

1　特権化と「キーワード」

　カオリとシゲルのノートには，単元の開始時に教師が授業の最終的なねら
いとして板書した「物語世界（虚構）がどのように構成されているかを踏ま
え，批評的に読む。」が書き写されている。単元の学習はこのねらいの下に
組織され，生徒には単元のおわりに1200文字程度の分量で「批評」を書くこ
とを求めることが予告されていた。この単元を構成する1時間1時間の授業
における生徒の活動をナビゲートする役割を果たしたのは教師の作成したワ
ークシートであった。そこでの課題とそれで促されている焦点化のあり方に
ついて Table 17 に示す。

　単元全体としてみたときに，主要な登場人物である「下人」と「老婆」，
そして「語り手」にそれぞれ焦点化する課題を追究する授業時間が設定され
ている。ただし，純粋に登場人物に焦点化することを求めるのは「なぜ老婆
は若い女が生前悪いことをしていたことを知っているのか。」考えてみよう

第 7 章　読むことの授業における権威と特権化　　135

Table 17　ワークシートの課題と焦点化

No.	課題	焦点化
1	1　「物語文」に要約しよう 2　物語に対する感想 3　気になった表現・追究してみたい疑問	非
2	作品の舞台設定を確認する（時間帯，季節，時勢（時代），場所①，場所②，主人公）	非
3	描写が語る物語世界 ※　この項目に書かれた内容が一覧表としてまとめられ，以降の時間における課題の元となった。	
4	1　「語り」についての分析：語り手は物語世界をどのような視点から語っているだろうか。また，その語りはどのような効果を生んでいるだろうか。［14〜25］を手がかりに考えてみよう。 ※　［　］内の数字は 3 の内容をまとめた一覧表での項目の番号である。以下同じ。	非 （語りそのものを対象化）
	2　「老婆」についての分析：老婆は作品世界の中でどのような存在として描かれているだろうか。［33-41］を手がかりに考えてみよう。	非
	3　42「なぜ老婆は若い女が生前悪いことをしていたことを知っているのか。」考えてみよう。	「老婆」
5	「羅生門」における「老婆」の存在 ※　「語り」（4-1）と「老婆」（4-2）のいずれかを選択。4-2の内容に基づいて議論し，小グループごとに400字程度の文章にまとめる。	非
6	場面ごとの「下人」の心情の推移を確認しよう。	「下人」/非
7	1　「物語文」に要約しよう 2　批評（「私はこう読みました。」）のためのメモを書こう。	非
8	批評 ※　7-1の「物語文」を書き出しとすることが条件	

という No.4-3 の課題のみである。ただ，ワークシートのレイアウトは，これが直前の No.4-2 で「老婆」についての分析「老婆は作品世界の中でどのような存在として描かれているだろうか」という課題の補足的な扱いであることを示している。このように単元の授業に設定された枠組みを見ると，教師が，丹藤（2010）の言うような，テクストの内的構造＝メタレベル（ことばの仕組み・仕掛け）に目を向け，「下人」の言動がいかに語られているかという語り手の登場人物に対する批評を問題化しようとしていることがとらえられる。

　収集したワークシートの記述と談話記録を精査したとき，複数の生徒の読みの中に繰り返し出てくる単語があった。それは，「境」「境目」である。このワードは単元の初期の段階において談話過程に示されている。ワークシート No.2 に基づく「物語」の舞台設定を整理することを目的に行われた教室全体での議論において，コウキの発話によって初めて提示され，それを教師がリヴォイスすることでキーワードとしての位置づけを図ったものである。教師は，「物語」の舞台設定について黒板に生徒の発言を整理してまとめ，生徒はそれをノートに書き写した。カオリのノートには，「◎作品の舞台設定◎」という見出しで次のように記録が残されている。

　　　　[時間帯]…夕方から夜
　　　　[季節]…晩秋
　　　　[時勢]…平安末期
　　　　[場所①羅生門]…人の住む所（町）とそうでないところの<u>境</u>
　　　　[場所②楼上]…生者と死者の<u>境</u>
　　　　[主人公]…社会的・年齢的に<u>境目</u>になっている。

（※下線は筆者が施した。）

　「物語」を，「境界領域」，「内」と「外」の登場人物の移動のパターンによって分類することは文学研究の領域ではよく知られた方法論である（石原，2009）。また，この芥川龍之介の「羅生門」というテクストが「境界として

のテキスト」として仕立て上げられていることも指摘されている（石原，
2004）。一人の生徒から出されたことばが，教師の板書によって権威付けら
れ，その授業における公的な読み方にかかわるキーワードとなっていること
を指摘できるだろう（c.f., 茂呂，1999, p.134）。

　後続の授業におけるワークシート No.4 の生徒の記述を見ると，このキー
ワードが登場人物「老婆」にかかわる読みの中で使用されていることがとら
えられる。その課題は，「老婆は作品世界の中でどのような存在として描か
れているだろうか」という問いかけによって示されている。カオリは，これ
に対し「猿・鶏・肉食鳥・からす・墓などの動物に例えることで人間らしさ
を失った存在。／→／初めはおだやかだった下人を野性的な人物にした。（下
人の心の境目）」（「／」は改行）と自身の意味づけのことばをワークシートに書
き込んでいる。注目されるのは，「老婆」についての「初めはおだやかだっ
た下人を野性的な人物にした」という評価の後に書き加えられた「（下人の心
の境目）」ということばである。カオリは，「羅生門」の主たる登場人物であ
る「下人」にとって「老婆」を「境目」として意味づける読み方をここでは
とっている。ただ，この課題の回答において多くの生徒がキーワードを使用
したわけではない。例えば，シゲルは，「動物の姿を比喩に多く用いること
で，老婆が人でありながら，人らしさ（姿・心）や人徳を失った存在である
ことを示している」と記述している。

　続いて，ワークシート No.5 の記述を見ると，小グループでの交流におい
てカオリの「老婆」を「境目」として意味づける読み方が特権化されたこと
が確認できる。No.5 の課題は，No.4 の記述に基づいて交流を行い，「『羅生
門』における『老婆』の存在」という題で小グループごとに400字程度の文
章にまとめることである。カオリとシゲルたちのグループがまとめた文章は
次のとおりである。

　　　①この作品中で老婆は，猿のような老婆，鶏の脚のような骨と皮ばかりの腕，

肉食鳥のような鋭い目，などという表現からも分かるように，多くの動物の姿で野性的に比喩されている。このことから，作者はこの老婆を人でありながらも，人らしい姿や人徳を失った存在として描いたことが分かる。

　②また，下人は羅生門の楼の上へ出る際に猫のようにみを縮めて，やもりのように足音を盗んでというふうに表現されている。しかし，物語の最後では，老婆に対しかみつくかのように質問し，引剥をしている。先ほどまでの穏やかな比喩が老婆の出現を通し野性的になっているのである。

　③この二点から，老婆の存在が後の下人の行動や姿を示唆し，また，下人が飢え死にではなく盗人になることを選ぶきっかけとなったことがうかがえる。

　④以上のことから，老婆の存在は下人の心の，内と外の間にある一種の**境界**，強いて言えば，門の内と外とを分ける，この作品のタイトルでもある「羅生門」のようなものとして作者が描いた，ともいえるのではないだろうか？

（※下線，フォント強調は筆者が施した。）

　記述の内容を見ると，小グループで読みの交流において，「老婆」を「下人の心の境目」として「老婆」を意味づけるカオリの読みが他のメンバーに受け入れられ，「境界」とやや形を変え，先行の授業で共有された「境」として「門の内と外とを分ける」，「羅生門」と関連付けられている。さらに興味深いのは，その「羅生門」が出来事の舞台装置と言うだけではなく「この作品のタイトルでもある」と言及されていることである。「境」，「境目」が，「作品の舞台設定」のキーワードとしてだけでなく，「物語」全体をとらえる際のキーワードとして使われていることである。なお，この文章の筆記は，シゲルが代表して行っている。①の内容はシゲルの読みに，②と③の内容はカオリの読みに由来することがとらえられる。

　この④の読みは，他の小グループによって興味深い読みとして評価されることとなる。小グループごとに書かれた No.5 の文章は 4 部複写され，後続の授業において他の 4 つの小グループに配布された。配布された小グループは，興味深い部分に傍線を施した上で「疑問点」を指摘した。複数のグループが傍線を施した部分については，前ページの引用において傍線を施してお

いた。老婆を「境」や「境目」，「境界」として意味づける④については，すべてのグループが「興味深い」という反応を残している。

「老婆」を「境」，「境目」としてとらえる読みを，シゲルは個別に取り組んだ No.7 のワークシートに，批評の冒頭に示す物語文の案のひとつとして「『羅生門』は，老婆の存在を介し，下人が『人』から『人ならざる者』へと変わっていく物語」と書いている。「境」，「境目」というキーワードことないものの，「老婆」を「下人の心」の「境目」とするカオリの「声」がとらえられる。シゲルは，同じワークシート No.7 右の構想メモ（「批評（「私はこう読みました。」）のためのメモを書こう。」）の項目冒頭に「『羅生門』は，様々なものごとの境界に注目して書かれた物語である。」と書いている。

シゲルは，生徒がこの単元のまとめとして書いた批評にこの「境界」というキーワードを使っている（No.8）。シゲルは，その最後の段落に，「作者は語りとして登場することで，読者の理解を決める役割を果たし，下人が様々な面で境界に位置するところを描いて，人の心が移り変わるものだと暗示している。」という 1 文を書いている。

上記の事例の展開から，単元のごく初期に権威付けられた「境界」，「境」と言った短いキーワードによって，「物語」の全体にかかわる特定の読み方が生徒たちに特権化されていることが指摘できる。単元の途中の授業で，この読み方に基づかない読みをしていたシゲルが，後続の交流過程で，このようなキーワードを用いた他者の読みに触れることで，最終的にはこのような読み方に特権的な立場を認めるようになっている。このような読み方の特権化は，教師の一方的な権威性によってではなく，生徒たちの協働によって実現されているととらえられる。第 5 章，第 6 章で見てきたように，このような読み方は「物語」中の特定の出来事についての読みを交流する小グループでの話し合いの場では確認できない。言うまでもないことだろうが，教師が「物語」のどの出来事を話題とするか，あるいはどの程度の範囲，まとまりを対象に読みの交流を行うかによって展開は変わってくるだろう。ただ，こ

のような授業の実態の背後には，小グループでの学習活動や生徒の問いに基づく学習課題の設定など「子どもの学びに寄り添うこと」を目指しながらも，「物語」を読むための技能として物語の語りの構造や語り手の批評意識について教えることを考えて単元の展開を構想するという教師の2つの授業観の対立があることを指摘できる。

2　権威的関係と特権化

　本節では，授業中の1つの局面において権威的関係の揺らぎと特定の読み方の特権化がとらえられた事例について検討を行う。次に示す Table 18 は，ワークシート No. 3 中の引用6「門の屋根が斜めに突き出した甍の先に重たく薄暗い雲を支えている。」についての小グループでの読みの交流の後で行われた教室全体の議論の一部である。第5章第3節の1で見たように，この前後の出来事についての読みの交流では状景を登場人物の心理と関連付ける「情景描写」の読みを教師は期待している。

　この談話過程の始まりの部分において，教師は状景を登場人物の心理と関連付ける読み方を生徒に展開させるための「教授的質問」（Mehan, 1979）を示すことによって権威的立場を引き受けている。教師の求めに応えヤスオ（202，204），カズキ（208），タク（214）と引用6に示された状景を「下人」の心理と関連付ける物語が生徒から繰り返し示されている。教師は，このそれぞれの発話に対してより具体的な説明を求めたり（205），何度もうなずいたり（209），肯定的な相づち（215）によって評価の態度を示している。発話の応答のあり方に IRE 連鎖の構造がとらえられる。

　権威的関係の観点から見たとき，この談話過程の転換点となっているのがカオリの発話「羅生門は下人にとっての居場所で，羅生門が下人を守って支えている。」（222）である。このカオリの発話（222）で，特徴的なのは「羅生門」を主語としている点である。カオリの物語（「羅生門が下人を守って支えている」）では「下人」の周囲に存在する建築物に意志が仮定され，「下人」

第7章 読むことの授業における権威と特権化 141

Table 18 特定の読み方についての特権化

番号	発話者	発話内容
201	T	6番。
202	ヤスオ	主人公の気持ちを描写している。
203	T	何が主人公の気持ちなんですかね。
204	ヤスオ	「門の屋根が斜めに突き出した甍の先に重たく薄暗い雲を支えている。」が主人公の気持ちを描写している。
205	T	あーあのね。ヤスオ君。座ってください。今のはどういうことかっていうと，この間からちょっといってんだけど，（ジェスチャーで位置関係を示しながら）重たい，雲，重たい雲いやな雲があると，そして羅生門がここにあると，羅生門が支えているようにあると要するに二つのものがあるでしょ。どっちが下人の心。何が下人の心ですか。この場面において下人の心ですか。全部が下人の心ですか。
206	ヤスオ	…
207	T	…考えてなかった。じゃあ，カズキ君はどう考えてた同じグループの。
208	カズキ	重たい雲が心のもやもやを表している。
209	T	重たい雲の方が心のもやもやを表しているのね。主人公，主人公の心理，イコール重たいもやもやか。ハアハアハア。
		〈中略〉
213	T	えー，じゃタク君のところはどうかな。
214	タク	えっと，さっき重たく薄暗い雲って，その天気の悪さと下人の気持ちを掛け合わせて表している。
215	T	ああ，やはり，その…ありがとう。座ってください。その天気が悪いってことをさっきのあの寒いとか冷たいとかっていうイメージもあるよね。それとやっぱり下人の追い詰められた状況というのかな。それをよく表しているんじゃないかということだよね。そうですね。ほかには，どうでしょうか。…ユウタくんどうかな。
		〈中略〉
221	T	6番のこの表現について，イメージでもよいですが，こういうふうによめるよーってこと…ないかな…。はい。それではカオリさんいってみようか。カオリさん。はい。
222	カオリ	羅生門は下人にとっての居場所で，羅生門が下人を守って支えている。
223	T	ハアハアハアハア，はい。羅生門が居場所っていうのは，いわれてみればそうですね。羅生門が居場所である。雨にふり込められて行き場所がなくて羅生門に行ってるわけだよね。そこにいる羅生門が，いやなものさっきは雨だったな，いやなものから羅生門が守ってくれているわけだ。そういう意味では羅生門は，下人を守ってくれている。そういう意味で「支えている」という表現がまあ合うよね。そういう意味では非常にいいですね。良く読めていると思います。あっ…ほんとですね。…そうか…。では，…トモヨさんどうですか。ここについては。

142 第Ⅳ部 「物語」を読む授業の授業観と教室談話

を目的語にとる文型で発話が創られている。このような「行為者の様式」の
特殊性はこの読みを創り出した彼女の「声」が，この談話に見える他の生徒
の読みの「声」とは異質であることを示している Table 15 にかかわって行
った事例の検討で見たように，このようなカオリの読みのあり方は，彼女の
「下人」に対する共感の度合いが低いことと関係しているととらえられる。
また，「物語」の語りにおいて，話題となっている出来事が，「雨」が「羅生
門を包んで」，「音を集めてくる」と擬人的に表現されており，その「声」の
あり方に影響されたものと考えられる。

　教師は，このカオリの発話に応答する発話（223）の中において，「羅生
門」が「雨」から「下人」を守っていること，「雲」を「支えていること」
とつなげて読みを展開している。発話の内容を詳しく見ると，カオリの発話
（222）をうけて，教師の引き受けていた権威的立場が揺るがされていること
がとらえられる。「いわれてみればそうですね」や「あっ…ほんとですね。
…そうか…。」ということばからは，カオリの示した読みに対する教師の動
揺をとらえることができよう。

　教師は後続の談話過程において，次のように発話している（235）。

　　　さっきのカオリさんの意見というのは非常に面白い意見だなあと思いました。
　　羅生門が支えてくれている。嫌なもの悪いものが，まあさっきの雨じゃないけど
　　集まってきた，羅生門に。羅生門が支えてくれている。羅生門が守ってくれてい
　　る。〈中略〉どういうことかというと，えーっと羅生門って壊れかかっていたよ
　　ね。確認，確認しなくても大丈夫かな。「羅生門」，18ページの頭「修理などはも
　　とよりだれも顧みるものはなかった。」，壊れてた，壊れかけだ。しかも，荒れは
　　てて「狐狸がすむ，盗人が住む，とうとう引き取り手のない死人を…」っていう
　　ふうに荒れはててるよね。その荒れはてた場所が下人を守ってくれてるわけだ。
　　もしこの羅生門が壊れてしまったりとかこの場所がもっとひどい場所になってし
　　まったら，下人はじゃあ生きていけないんじゃないかなあ**ていうふうに読めるな**
　　あと。

この発話で教師は，カオリの読みに基づいて「羅生門」についての説明に

あたる出来事を関連付けた読みを展開している。末尾の下線を施した「ていうふうに読めるなあと…」には，カオリの物語によって教師が「物語」の新たな読みの可能性に気付いたことが現れている。カオリのこのような読みは，教師が想定していた読みのヴァリエーションには含まれていないものであったことがとらえられる。教師のこの発話によってこの教室空間においてカオリの読みの特権化が行われているととらえられる。

　カオリの話の「声」のあり方を，彼女の個人的特性のみを理由に説明することは妥当ではないだろう。そこまでの談話過程において，すでに複数の生徒から「重たく薄暗い雲」を「下人」の心理と関連付ける読みが示されている。「物語」を読むための技能とされる情景描写にかかわる読みがすでに示されているのである。そのような文脈が，教師に「子どもの学びに寄り添うこと」を目指す授業観を思い起こさせ，カオリの指名に際して，「イメージでもよいですが，こういうふうに読めるよーってこと…ないかな…」(221)と問いかけさせたものととらえられる。実際の談話過程において，この問いは，評価のために生徒の個人的な理解を公表させることを目的としたものとはとらえられなかった。少なくとも，カオリと教師との発話連鎖では，この問いが新たな読みの可能性を求める真正な質問として機能したのである。この談話過程における権威的関係の揺らぎは，教師と複数の生徒との協働によって生成されている。適切な文化的道具が持ちだされることによって，その手段に媒介された人の行為は権力（power）と権威（authority）を持つことになるという（ワーチ，2002，p.81）。教師はこの応答において，自分の想定を越えていたカオリの読みを適切な読みとして受け入れ，そのためにカオリの読むという行為が権力をもつことになったのである。なお，カオリのこのような読み方は，管見の限り，長い蓄積のある「羅生門」の詳細な教材研究においても見られないものである（cf., 高橋，2007）。

　上記の事例分析から，生徒が小グループでの学習活動を通して「物語」と他者，そして自分と深く対話することで教師の想定する読みを越えて，新た

な読みを創造する力を持っていることが示唆される。これまでの事例検討において見てきたように，生徒が自由に質問や考えを出せる参加構造の下で交流している読みの過程は創造的なものである。そのことを踏まえ，特定の読み方に特権的な位置を与えようとする生徒や教師が，別の読みの可能性に常に「物語」が開かれていること，すなわち「物語」の生成的な側面について意識をしていくことが重要だと考えられる。

第4節　総括考察

　本章では，教室談話を形づくる授業観と「物語」の読みの授業における生徒の読むという行為とのかかわりを明らかにするために，実際の授業事例について記述的分析を行った。その結果，次の2点の知見が得られた。

　第1に，生徒のワークシート記述の縦断的検討から，単元のごく初期に権威付けられた短いキーワードによって，「物語」の全体にかかわる特定の読み方が生徒たちに特権化されうることが示された。一方で，個別の出来事についての読みの交流ではそれにとらわれない読みが行われていたことから，「物語」のどの出来事を話題とするか，あるいはどの程度の範囲，まとまりを対象とするかいう点で，それぞれ別の授業観に基づいて読むという行為を組織するという実践的工夫の可能性のあることが示唆される。

　第2に，教師の真正な質問とそれに対する生徒の応答によって談話過程の権威的関係が揺らいだ事例の検討から，生徒が小グループでの学習活動を通して「物語」と他者，そして自分と深く対話することで教師の想定する読みを越えて，教師が想定しない新たな読みを創造する力を持っていることが示された。特定の読み方に特権的な位置を与えようとする生徒や教師が，別の読みの可能性に常に「物語」が開かれていること，すなわち「物語」の生成的な側面について意識をしていくことが重要だと考えられる。

　上記のことから，教室談話を形づくる授業観と「物語」の読みの授業にお

ける生徒の読むという行為とのかかわりについて次のようにまとめることができる。教師が「権威者」として「既成の文学的価値や技術」を子どもに伝達しようとする教師の意図は，生徒によっていとも簡単に実現されうるということである。ただし，このような授業観を乗り越えようとする試みは，完全なる失敗，完全なる成功というようにどちらかの結果にしかならないわけではない。教室における授業観の葛藤によって，単元のまとまりと授業中の1つの局面において読みの特権化の様相が異なってくることもありうるだろう。一方で，2で示したように小グループでの交流を通して，生徒の読みが，一定の経験をもつ教師の読みを越えていくこともある。「物語」について問いを出す権限を教師が生徒に委譲していくという挑戦的な試みが今後の実践の展開に期待される。

第Ⅴ部　総合考察

第8章　教室で他者と共に「物語」を読むという行為

　ここまで，物語言説の構造的な特徴に留意しながら，考えを交流することを通して協働的に「物語」を読み深める授業における生徒の読むという行為を教室談話という社会文化的状況に位置づけて明らかにするために実際の授業事例に基づく検討を行ってきた。

　第1章第1節では，国語科における文学教育の目標や史的展開について概観し，本研究の背景を明らかにするために議論を行った。我が国の文学教育において対象に対する主観的意味づけと客観的意味づけを統合するという文学体験が重視されていることを確認した。文学教育の史的な展開の中で見出された，一人ひとりの子どもの読みを大事にすること，書く活動によって子どもが自分と向き合う機会を保障すること，子ども同士を対話的にかかわらせることを大事にした指導過程が提唱されており，これが今日の「深い学び」，「対話的学び」，「主体的な学び」という視点にも通じることを確認した。

　第1章第2節では，まず，読むことの対象である「物語」についての先行研究をレビューし，その構造や特徴について検討を行った。ジュネットの議論を軸としてバフチンの発話の対話的定位（1988; 1989），ならびに「声」（1996）の概念を手がかりに議論を進め，物語が多声的であること，物語が出来事を語るものであり，出来事が語られることによって見出されること，物語における語り手の態度や評価が物語言説の「焦点化」に表れること等を確認した。

　次に，「物語」に対する読者についての先行研究をレビューした。読みの深まりが出来事の発見と関連付け，そしてイメージの精緻化としてとらえられること，読書行為が物語言説に読者の「声」を付与するものであること，読者の出来事に対する意識のあり方が焦点化から捉えられること等について

議論を行った。

　第1章第3節では，第2節までの議論を踏まえ，本研究を進める上での理論的枠組みについて検討を行った。「物語」についての生徒の読みを授業という具体的な文脈に位置付けて検討するために社会文化的アプローチに基づいて行う教室談話分析のあり方について議論した。本研究における物語論を整理し，読むという行為の発話を構成する様々な「声」をとらえるため，出来事に対する話者の態度を示す「焦点化」に着目することを確認した。

　第1章第4節では，上記の議論を踏まえ，「物語」を協働的に読み深める授業における生徒の「読むという行為」を教室談話という社会文化的な状況に位置づけて明らかにするために，次の5つの研究課題を導出した。①「物語」についての読みが深まるということがどのような過程であるのか，物語の基本的な特徴である景観の二重性と関連付けながら明らかにすること，②「物語」についての読みが協働的に深まる過程において生徒の個別性がどのような働きをしているのかを明らかにすること，③読みの交流においてある生徒が他の生徒の読みを取り込む際のその生徒の自己内対話の過程について明らかにすること，④授業の振り返りにおいて生徒が行う省察的な自己内対話の過程について明らかにすること，⑤その教室談話を形づくっている授業観と「物語」の読みの授業における生徒の読むという行為とのかかわりを明らかにすることである。

　これらを検討するにあたり，本研究では授業観察を行った。さらに，研究課題③と④にかかわり，生徒の自己内対話の過程をとらえるために，個別学習時と小グループでの話し合い時，授業の最後の振り返りにおける書き入れを区別する手だてを施したワークシートを分析の対象とした。

　第Ⅱ部第3章から第Ⅳ部第7章では，上記，5つの研究課題についてそれぞれ1章ずつを割り当て実際の授業事例に基づいて具体的な検討を行った。本章では，そこで得られた知見を各部ごとに整理し，その整理に基づいて総合考察を行う。

第1節　結果の総括

1　第Ⅱ部のまとめと総括

　第Ⅱ部では，読みの交流を通して「物語」を協働的に読み深める授業の過程について，焦点化の様態に着目した発話の分析の結果に基づいて質的な検討を行った。観察の対象としたのは，互いの発言をつなぐ意識を持って聞く学級文化の醸成が図られていた学級である。授業の教材は，重松清「卒業ホームラン」であった。「卒業ホームラン」の語りの基調は，虚構世界の一人の特定の登場人物に重なるものであった。この「物語」の世界には，社会的な属性において多様性のある複数の人物が登場する。「物語」の登場人物と生徒の相互作用，そして生徒間のコミュニケーションが出来事についての意味づけにいかにかかわっているかを検討するため小グループでの読みの交流を主たる分析対象とした。

⑴　第3章の知見のまとめ

　第3章では，「物語」についての読みが深まるということがどのような過程であるのか，物語の基本的な特徴である景観の二重性と関連付けて記述するために，読みの交流を行う小グループでの談話過程における発話の焦点化の様態に着目して実際の授業について具体的分析を行った。その結果，以下の5点が明らかとなった。

　第1に，談話過程における発話の焦点化と言及される出来事との関連の様相から，読み手の「声」の相違によって，話題となっている出来事に関連付けられる別の出来事の選択のあり方や出来事を検索する範囲の限定のあり方が異なることが示唆された。登場人物へ焦点化した発話と非焦点化による発話とでは，言及される出来事の選択のあり方や範囲の限定に違いのあること

が示された。出来事の当事者である登場人物へ焦点化する発話では，出来事の時系列的，あるいは因果的な連続性に基づく筋立てが行われている。一方，非焦点化においてはその物語の全体としてのまとまりに想定される意図から出来事を筋立てることが行われている。

　第2に，談話過程における発話の焦点化の移動の様相から，ある出来事に対する複数の意味づけが談話過程に示されることによって，読み手である生徒の「声」の多重化につながっていくことが示された。「物語」の出来事について協働で語り直す談話過程において生徒が他の生徒の発話に応答する中で発話の焦点を移動させていることがとらえられた。その過程において，ある出来事に対する2つの異なる意識からの意味づけを重ねる意識が生成されることがとらえられた。

　第3に，ある登場人物の内部の「声」の対立を主題とし，それが直接的に物語言説に示されている「物語」についての読みの交流過程から，登場人物の心理について考える際に，生徒が他の登場人物がその登場人物に対して取った言動を手がかりとして利用することが示された。

　第4として，物語言説において直接話法によって示された登場人物の発話についての議論の展開から，このような音声の要素に注目することが出来事についての多重的意味づけの生成につながっていくことが示された。このような音声は，現実世界のものと同様に人と人の間に存在するものである。「物語」が読まれるその場において，そのことばが，発話者と聞き手それぞれの立場，そしてその当事者の知らない第三者という立場から解釈されうるという構造的な特性がそこに認められる。

　第5として，談話過程においてとらえられた発話の焦点化の転換点についての検討から，異質な「声」の関連付けが，生徒間だけではなく「物語」の語り手を含めた三者の間の相互作用においてとらえられるべきであることが示唆された。このような転換が複数の生徒の相互作用によって協働的に達成されていること，また，その契機として「物語」の物語言説のことばがオリ

ジナルとは異なる焦点化の様態において引用され，さらにそれとは異なる焦点化による読みが談話過程に示されていることが確認された。

　これらの知見から，物語の語りに備わる構造的な特徴から見たときの「物語」についての読みが深まる過程を次のようにまとめることができる。生徒は，話題となっている出来事にかかわる読みを「物語」の登場人物と語り手の「声」に基づいて交流の場に出していく。「声」は，登場人物や語り手／読み手と一対一で対応しているのではなく，その内部で複数の「声」が対立していることもある。交流を通して「物語」についての読みが深まる過程では，ある出来事に対する複数の「声」からの意味づけが重ねられることになる。このような談話過程が生徒を出来事についての多重的意味づけに導いていく。

⑵　第4章の知見のまとめ

　第4章では，「物語」についての読みが協働的に深まる過程において生徒の個人的要因がどのような働きをしているのか明らかにするために，出来事の当事者としての登場人物が複数存在する「物語」についての読みの交流過程において，生徒によって異なる「焦点化」のあり方を示す発話がどのように絡み合い，読みの深まりにつながっているのかを検討した。その結果，次の3つの知見が得られた。

　第1点として，教師が設定した問いが求めるものとは異なる焦点化を行った生徒の発話における語用のあり方から，生徒が談話過程に自分の読みを示していく際の焦点化の決定に登場人物への共感がかかわっていることが示された。

　第2点として，特定の登場人物に対する共感のあり方が異なる生徒の読みの交流から，特定の登場人物に対する共感的な読みと反感や反発に根ざす批判的な読みが談話過程に対置されることで「物語」の出来事についての意味づけが多面的なものとなっていくことが示された。

154 第Ⅴ部 総合考察

　第3点として，交流を通して読みを多声化した生徒発話の引用の部分の検討において，物語言説の明示的な二声性が，出来事についての生徒の意味づけの多重化を促すことが示された。

　ここから，「物語」についての読みを協働的に深める過程について次のようにまとめられる。生徒が交流を通して「物語」についての読みを深める過程において，「物語」の登場人物に対する共感，あるいは反感という生徒による感情的反応の違いや談話過程において果たされる生徒の役割の違いが，個々の発話における焦点化のあり方に作用し，その個々の発話における焦点化の違いが出来事についての意味づけを多重的なものにしているということである。しかも，個々の生徒の発話の焦点は，「物語」との関係や教師から与えられた問いにおいてのみ決定されるのではなく，読みを交流する他の生徒の発話の焦点化やそれまでに行ってきた議論で残された問いが促す焦点化のあり方に影響を受ける。読みの交流とは，生徒と「物語」の間，そして教室のメンバー間の相互交渉のダイナミクスの中で一回的に構成される過程なのである。

⑶　第Ⅱ部の意義
　以上の知見のまとめから，第1章で論じた「物語」についての読みとその交流についての先行研究に照らした第Ⅱ部の意義として次の2点を指摘することができる。

　第1に，物語に備わる二重の景観と関連付けながら生徒の「物語」についての読みの深まりを記述したことである。このことで，「物語」に示された出来事についての読みの交流が，登場人物の景観を対象とする議論と語り手の景観を対象とする議論の切り替えに駆動されるように展開することがとらえられた。また，談話過程における生徒発話の焦点が，①「物語」の語りにおいて話題となる出来事がどのような焦点化で示されてるか，②応答しようとしている生徒がどのような焦点化において談話過程に読みを示しているか，

③話題となる出来事の当事者のうちどの登場人物に共感／反感を感じるかという3つの要素の相互作用に影響を受けていることが示唆された。このことが談話過程に生徒の読みの多様性を生み出し，それが発話の応答において関連づけられることが「物語」についての協働的な読みの深まりにつながっていると考えられる。

　第2に，「視点」に変えて「焦点化」の様態から「声」をとらえる概念枠組みを導入したことで，「物語」についての読みの深まりの過程についてより精緻にとらえることができたことである。登場人物の内的な葛藤などに起因する出来事への意味づけの多重化を検討することが可能となった。「卒業ホームラン」のように登場人物の言語コミュニケーションやそれによって構成される関係性が主題となる「物語」では，「物語」の虚構世界におけるある登場人物の発話が，物語の出来事の要素として重要な位置を占める場合がある。このような，「物語」の出来事の要素としての音声は，虚構世界の登場人物の間に存在するために，読み手がそれを認識する位置や意識のあり方の自由度が大きいという構造的特性をもっていると考えられる。このような成果を得ることにつながった概念枠組みの有効性を確認できたことは第Ⅱ部の意義と言ってよいだろう。

2　第Ⅲ部のまとめと総括

　第Ⅲ部では，授業の内部に設定された生徒の書く活動によって生み出された記述に着目し，交流を通して「物語」についての読みを深める生徒の自己内対話の過程について明らかにするために事例の分析と質的な検討を行った。なお，生徒のワークシートへの書き込みのタイミングを追跡できるよう，個別活動時と小グループでの活動時における書き入れを区別する手だてを施した。観察の対象としたのは，互いの意見について積極的に聞くこと，すなわち質問することを促し，意見についての根拠を確認し合うといった話し合いのルールの共有が図られた学級であった。この授業の教材は，メタフィクシ

156　第Ⅴ部　総合考察

ョン的な表現などにより登場人物とは異なる中間世界の「作者」の存在が意識される芥川龍之介「羅生門」であった。

⑴　第5章の知見のまとめ
　第5章では，生徒が他者の発話を自らの読みを示す発話の中に取り込む際の自己内対話の過程について検討を行った。登場人物への共感のあり方が異なる生徒間で行われた読みの交流の事例の記述と解釈を通じて，次の3点が明らかとなった。
　第1に，読みの交流過程を分節化してとらえる手だてを施したワークシートの対照と比較から，読みの取り込みに際して行われる自己内対話の過程を他者の読みを再文脈化するための新たな文脈の創造としてとらえうることが示された。
　第2に，「物語」の物語言説において当事者が不在，あるいは明示されていない出来事を話題とする生徒の読みの焦点化の様態から，「物語」の虚構世界に，話題となっている出来事にかかわる適当な登場人物がいない場合に，生徒が名前のない登場人物を想像し，その人物の意識を通して出来事に意味づけることが示された。また，そのような場合において「物語」の物語言説において擬人的な表現によって語られている建造物のような非生物がある場合，それを対象として，意識の存在を仮定しそこに「声」を見出す生徒のいることがとらえられた。
　第3に，非焦点化による読みの取り込みに際して焦点が登場人物へ再設定された事例についての検討から，自分の読みとは異なる「声」から創り出された他者の読みを取り込む際に，自分の「声」でその読みのことばを編集する場合のあることが示された。
　ここから，「物語」についての読みの交流における自己内対話の過程について次のようにまとめられる。他者の読みを生徒が自分の読みの中に取り込むことは，単なる模倣ではなく創造的な行為としてとらえられる。この行為

は，異なる読みをつなげて話題となっている出来事についての理解を多重的なものとすることを促す働きを持っている。その一方で，他者の読みの取り込みには，その読みを創り出した「声」を消すようなものもあり，この場合，元々の読みにあった出来事の意味づけのある側面が減ぜられることになる。語り手／読み手から登場人物への焦点の移動にともなう出来事に対する意味づけの部分的喪失は，「物語」に対して擬人法のような修辞法がもたらす効果について考えることと「物語」の世界をより鮮明に現実観を持ってイメージ化していくこととを同時に進行させることが「物語」の物語言説のあり方によっては時に難しいことを示唆している。この意味で「物語」内容の登場人物や出来事について考えることと「物語」の語りについて考えることが排他的に作用する場合があることを文学教育実践では考える必要があるだろう。

⑵　第6章の知見のまとめ

　第6章では，授業の振り返りにおいて生徒が行う省察的な自己内対話の過程について明らかにするために，小グループでの読みの交流，その後に設定された教室全体での議論，そして授業の終末に設定された振り返りの学習活動における生徒の「物語」を読むという行為について追跡し分析を行った。自分の読みが教室全体の議論において他の生徒によってリヴォイスされた生徒の事例の記述と解釈を通じて，次の2点が明らかとなった。

　第1に，生徒の読みの交流に積極的な価値を認める教室での議論において生徒の読みが著者性を保ったまま他の生徒の読みや「物語」のことばに関連付けられたことから，「物語」の読みを協働的に深める授業の談話過程の展開において生徒は他者の手による「自分」の読みの深まりを体験しうることが示された。1時間の授業の内部に異なる形態での学習活動の局面が用意されることで，生徒にとってのこのような体験が促されると考えられる。

　第2に，教室全体の議論において発言しなかった生徒が授業の終末に設定された振り返りの学習活動においてワークシートに書き込んだ記述の内容か

ら，話し合いを積極的に聴いていた生徒にとって，振り返りの学習活動が新たな読みを生成する機会となることが示された。

　ここから，「唯一の正しい読み」を求めるのではなく，読みの交流を通して個々人がそれぞれの読みを深めることを目標として行われる「物語」の授業において，その授業過程を振り返る生徒の自己内対話について次のようにまとめられる。読みの交流における読みの取り込みは，取り込んだ生徒にとっては「なかば他者の言葉」（バフチン，1996; ワーチ，2002）を自分のものとする試みの場ととらえられる。一方で，自分の読みが他の生徒の読みに取り込まれた生徒にとっては，他の生徒や教師の手によって「なかば自分の言葉」が利用され議論が展開する場ということになる。小グループでの読みの交流から教室全体での議論という授業局面の移行は，小グループでの読みの交流において構成されたなかば他人の，なかば自分のことばが，新たに「物語」や他者のことばと関連付けられる体験を促す。なかば他者／自分のことばという読みに対する著者性の意識は，議論への生徒の積極的な参加，すなわち能動的な聴き方を促すと考えられる。教室全体の談話への生徒のこのような参加のあり方が，授業の振り返りにおいて新たな読みの創造につながると考えられる。

(4)　第Ⅲ部の意義

　以上の知見のまとめから，第1章で論じた「物語」についての読みとその交流についての先行研究に照らした第Ⅲ部の意義として次の3点を指摘することができる。

　第1として，生徒の読むという行為において重要な部分を占めると考えられる自己内対話の過程を教室談話に位置づけて明らかにした点である。本研究では，「物語」を読み深める際の生徒の自己内対話の過程について検討するため，生徒のワークシートの記述内容をその前後の教室談話過程と関連付けて分析を行った。さらに，生徒に個別の学習時において自身の意見を記入

する際には鉛筆を使用させ，小グループでの話し合いや教室全体における議論における記入に際しては青ボールペンを使用させる手だてによって，ワークシートの記述の書き入れられた順序を可視化し，授業での学習者の読み深めの過程を分節化してとらえる手法を採用した。このような分析の工夫と物語の根源的な協働性や物語の様式に備わる景観の二重性への着目によって，読みの交流における生徒の自己内対話の側面について教室談話に位置づけて記述した。

　第2に，「物語」についての読みを協働的に深める談話過程を，それを通した個人の読みの深まりの過程との関係において意味づけ，明らかにした点である。教室談話研究は，基本的には音声言語コミュニケーションを分析の対象とする。そのために，児童生徒がテキストを繰り返し読んだり，テキストと向き合って自分の考えを整理したりする過程についての検討はおろそかになりがちであった。本研究では，生徒がことばを発しない授業の局面というこれまでの研究においては積極的には取り上げられてこなかった過程を音声コミュニケーションが行われている局面と関連付けた検討を行った。

　第3に，「物語」の読みの交流において生徒がいかに自己のアイデンティティを表明しているかという点に目を向けることの重要性を示唆した点である。佐藤（1994）は，教育実践について，「認知的・文化的実践（対象世界の意味を構築する実践）」であり，「社会的・政治的実践（共同体の連帯を構築する実践）」であり，同時に「倫理的・実存的実践（自分探しを通して自己を再構築する実践）」でもあると述べている（p.27）。本章で検討した事例におけるカオリの3次記述も，「物語」との対話と他者との対話，自己との対話という三者との対話的実践の痕跡と見ることができる。そして，このように見ることは，「物語」の読みの授業における生徒の学びをその生徒独自のものとしてとらえる視座を用意する。本章の事例について言えば，他の生徒のワークシートを確認したところ，カオリのように「区切り」を鍵として読みの再構造化を図った生徒はほかにいなかった。この時間におけるカオリの読みの深

160　第Ⅴ部　総合考察

まりは，彼女固有の体験に裏打ちされた彼女独自のものであったと言うことができる。これまで国語科における読みの授業についての検討では「認知的・文化的実践」としての側面ばかりが重視されてきた。しかし，近年では「社会的・政治的実践」としての側面に着目した研究が行われるようになってきている（cf., 佐藤，1996）。本章で得られた知見は，これに新たな観点を加えるものである。

第Ⅳ部のまとめと総括

⑴　第7章の知見のまとめ

　第7章では，教室談話を形づくっている授業観と「物語」の読みの授業における生徒の読むという行為とのかかわりを明らかにするために，第5章と第6章で検討した授業について，単元を通じての生徒の読みの深まりの過程と権威的関係の揺らいだ談話過程について記述的分析を行った。その結果，次の2点の知見が得られた。

　第1に，生徒のワークシート記述の縦断的検討から，単元のごく初期に権威付けられた短いキーワードによって，「物語」の全体にかかわる特定の読み方が生徒たちに特権化されうることが示された。

　第2に，教師の真正な質問とそれに対する生徒の応答によって談話過程の権威的関係が揺らいだ事例の検討から，生徒が小グループでの学習活動を通して「物語」と他者，そして自分と深く対話することで教師の想定する読みを越えて，教師が想定していない新たな読みを創造する力を持っていることが示唆された。

　上記のことから，教室談話を形づくる授業観と「物語」の読みの授業における生徒の読むという行為とのかかわりについて次のようにまとめることができる。教師が「権威者」として「既成の文学的価値や技術」を子どもに伝達しようとする教師の意図は，生徒にいとも簡単に実現されうる。ただし，生徒の発想に教師が揺さぶられるようなことがある場合，あるいは教師が生

徒の柔軟な発想を楽しむような構えである場合には，授業におけるこのような権威的構造は崩れるものと考えられる。

(2)　第Ⅳ部の意義

　第Ⅳ部の意義として，次の2点が挙げられる。

　第1に，「物語」の読みの授業にかかわる2つの授業観の間に実際の授業実践を位置付け，そこでの生徒の「物語」についての読みの深まりについて議論したことである。現在，「物語」の読みの授業実践が位置付くと考えられる現実的な文脈とのかかわりから生徒の読みの深まりを記述した点である。

　第2に，読みの授業実践を対象とする研究においてこれまでとり上げられることのあまりなかった特権化や権威的関係のような政治性を部分的にではあるものの検討の対象としたことである。教師のプランに対し，生徒がいかに対抗していくかという視点で授業実践をとらえることは，読みの授業研究に新たな視座を示したと考えられる。

第2節　教室で他者と共に「物語」を読むという行為

　本研究では，「物語」についての読みを交流する実際の授業事例についての質的な解釈と記述によって，「物語」を協働的に読み深める過程の詳細について検討した。本節では，ここまでに明らかとなった知見を整理した前節での議論に基づいて総合的な考察を行う。

　本研究は，交流的活動を通して協働的に「物語」についての読みを深める授業における生徒の「物語」を読むという行為がどのような過程であるのかという問いに基づき，授業の局面や対象となる「物語」の違いに注目しながら教室談話という社会文化的な状況を対象に生徒の「物語」を読むという行為を検討してきた。次に示す Figure 6 は，第1章第4節で示した「物語」を読むという行為がなされる際の教室談話という社会文化的状況との相互作

162　第Ⅴ部　総合考察

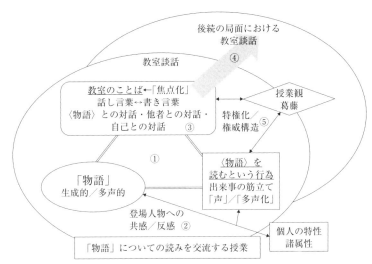

Figure 6　「物語」を「読むという行為」における社会文化的状況との相互作用

用を示したFigure 2を前節で述べた本研究の知見を踏まえて修正したものである。以下では，Figure 6に基づきながら，本研究の総合的考察を行う。

　第Ⅱ部第3章では，小グループでの読みの交流活動に積極的に価値を認める授業という社会文化的状況において生徒が「物語」を読むという行為の過程を検討した（Figure 6中の①）。また，第Ⅱ部第4章では，「物語」を読むという行為が，「物語」側の要因と生徒側の要因の相互作用にどのような影響を受けているのかを検討した（Figure 6中の②）。第Ⅲ部第5章では，小グループでの読みの交流活動とかかわって行われる生徒の自己内対話の過程をとらえるために，記述の過程を跡づけることのできる手だてをほどこしたワークシートについて検討を行った（Figure 6中の③）。第Ⅲ部第6章では，小グループでの交流活動が設定された授業という社会文化的状況における，終末の振り返り活動とそれまでの談話過程との関連について検討した（Figure 6中の④）。第Ⅳ部第7章では，読みの交流に積極的な意味を見出そうとする授業実践の現実的な文脈を踏まえ，特定の読み方の特権化，談話過程に

おける権威的な関係に注目して，読むという行為の過程を検討した（Figure 6 中の⑤）。

　上記のような検討の結果，本研究では「物語」を読むという行為の過程が，a 話題となる出来事についての「物語」における語りのあり方，b 談話過程において生徒が応答しようとしている他者の発話のあり方，c 生徒が登場人物へ抱く共感／反感という 3 つの要素の密接に関連した相互作用の中で形成される様相を明らかにした（Figure 6 中の二重線で示した三角形）。「物語」を読むという行為は，対象である「物語」が変われば，読むという行為のあり方が変わるという二者間の一方向的な関係ではなく，対象である「物語」と複数の生徒の相互作用による多様な反応と，話題となる出来事が語られるその様態と別の語り方の可能性，そして，交流の過程においてどの生徒がどのように応答していくかという，複数の要素の関連に影響を受けているのである。社会文化的アプローチの視座に基づけば，「物語」を読むという行為とその対象である「物語」の個別性，そして，「物語」について交わされることばのあり様は分けて考えることができない。小グループでの読みの交流は，このような「物語」を読むという行為の多様なあり方を支え駆動するものとしてとらえられなければならない。さらに，授業の任意の局面に導入される書く活動が，話し言葉による談話過程からの情報の取り出しではなく，他者の読みの再文脈化を促したり，新たな読みを生成するために使われたりするという知見は，交流を通して「物語」を読み深めることを目指す授業における書く活動の設定のあり方について実践的な示唆を与えるだろう。

　本研究の上記のような知見は，「物語」を読む授業実践について行われる研究に新しい視座を提供するものと考えられる。我が国の文学教育の領域では，「物語」の語り手，あるいは登場人物が読み手である生徒の認識を振り返らせること，すなわち「物語」そのものの他者性について強い関心が向けられ議論が深められてきた（cf. 田中，1996; 田中・須貝，2012; 田近，1996; 2013）。しかし，授業という社会文化的状況の現実は，教室で複数の生徒が協働して

作り出す談話過程が「物語」を読むという行為と切り離せないものであることを示している。「物語」と生徒，談話過程の個別具体性とその相互作用のあり方を考慮することが必要である。

　本研究では，「声」の観点から「物語」の読みの深まりについて3つの知見が得られた。第1は，物語言説に示される登場人物の発話という出来事の要素への着目が，「物語」の出来事についての意味づけの多重化を促すことである。第4章で検討した事例では，生徒が，「物語」の虚構世界のある登場人物の発話を，その登場人物，その発話が向けられた登場人物，そして自分という三者の意識から聴いていることがとらえられた。対象の把握という点から考えると，聴覚は視覚に比べ制約が少ない感覚ということができる。見るためには，視線を対象に向けなければならないし，間にあるもので視覚が遮られることもある。一方，聞くことを考えると，耳を対象の方向に向けなければ音声をとらえられないということはない。「物語」が読まれるその場において，そのことばが，発話者と聞き手それぞれの立場，そしてその当事者の知らない第三者という立場から解釈されうるということはこのような音声情報に対する人間の認知的特性があると考えられる。このことから，発話やオノマトペを話題として生徒が読みの交流をすることで「物語」の二重の景観に気付いていくということも考えられる。たとえば，石井（2006）では，宮澤賢治「やまなし」の授業で，「かに」たちの世界に「やまなし」が落ちてくるときの「とぶん」という音を話題として話し合う子どもたちの様子が紹介されている。この音についてそれぞれの読みを交流するなかで，認知の主体から見たときの対象の相対的大きさ，対象との距離，その音を聞いた場所の環境などについての子どもの理解が言語化される，そのことは，「かに」の意識，語り手の意識，そして自分の意識を通して対象となる出来事に多重的意味をこどもが見出すことにつながると考えられる。

　第2は，生徒が，自分の読みとは異なる「声」から創り出された他者の読みを，自分の「声」に基づいて編集することで，結果として読みが深まらな

い場合のあることを示唆したことである。検討した事例では，語り手／読み手から登場人物への焦点の移動にともなう出来事に対する意味づけが部分的に失われていた。「物語」の読みの授業について研究する際に，読みを創り出す「声」と言説として具体化された読みとのこのような関係を踏まえることで，「物語」についての生徒の読みの深まりの実態に迫ることができるだろう。

　第3は，「物語」の読みの授業過程において，一人の登場人物の内部での「声」の葛藤や対立という「対話的自己」（ハーマンス＆ケンペン，2006）などの自己論にみられるのと同様の構造をもった議論が行われていることを生徒の実態から確認したことである。やまだ（2006）の議論のように，人を深く他者や文化と関与してある「自己」の固有性を物語によって紡いでいく存在としてとらえるとき，「物語」の読みの授業におけるこのような生徒の取り組みは大変興味深い。ただし，このような議論が行われたのは，読むということの対象であった「卒業ホームラン」の物語言説に登場人物の内的な葛藤が直接的に言及されていたことと強く関連していると思われる。例えば「羅生門」が「下人が盗人になる物語」と評されることが示唆するように，いわゆる主人公の変化や成長を主題とする物語は少なくない。このようなことを踏まえると，登場人物の他者との社会的な結びつきの中で，その登場人物が新しい物語を生成していくことについて行われる議論の実態を事例の検討を積み重ねることで明らかにしていく必要があるだろう。

　以上，「物語」と生徒，談話過程の個別具体性とその相互作用の間に「物語」を読むという行為が位置付くことと「声」の観点から見たときの「物語」の読みの深まりについて得られた知見について議論した。これらの知見は，交流を通して「物語」についての読みを深める授業についての研究に新たな視座を提供していると考えられる。

166　第Ⅴ部　総合考察

第3節　今後の課題

　最後に，本研究で残された理論的，方法論的な課題について述べる。

　理論的な課題の第1は，本研究の「物語論」を発展させ，「物語」についての読み手の文学体験の内実をより精緻にとらえることができるようにすることである。本研究では，話題となる出来事に対する語り手の意識のあり方を登場人物を基準として分析するアプローチを行った。ある登場人物への焦点化は，その登場人物への「同化体験」のある種の表れととらえることができるだろう。しかし，その「同化体験」は，「視点人物の身になって」，「〃の気持ちになって」，「〃の心になって」，「〃のつもりで」，「〃とともに」，「〃といっしょに」（西郷，1998a，p.41）といった幅を持っている。このような多様な内実をとらえることのできる理論的枠組みを今後見出していかねばならないだろう。

　また，虚構世界の出来事に対する態度を「焦点化」以外の軸で見ていくことも検討されなければならない。上記の，「声」の観点からの「物語」の読みの深まりについて得られた知見の1にかかわって，ジュネット（1985b）は，物語が言説で描き出す対象を「出来事」と「ことば」に区分している。このうち「焦点化」は「出来事」を対象とする物語言説に適応されるもので，「ことば」については異なる議論を展開しているのである。ジュネットは，「ことば」についての物語言説は言説の再生産における逐語性の度合いに応じて細分化できるとしている（1985b，pp.47-67）。ここでいう逐語性とは，出来事の当事者たる登場人物のことばを，語り手がどれだけ忠実に「（再）生産」（pp.52-53）しているかということを指している。この逐語性の度合いは，語り手／読み手と虚構世界の現実との「距離」（ジュネット，1985a，pp.188-191）の大きさと対応している。この「距離」にかかわって，ことばについての物語言説は，「再現された言説」，「転記された言説」，「物語化された言

説」の３種に分類される。

A 「実力の世界だからな。」と徹夫は言った。（再現された言説）
B 徹夫は野球が実力の世界だということを言った。（転記された言説）
C 徹夫は智を補欠にしない理由を口にした。（物語化された言説）

　ジュネット（1985b）は，語り手が物語の出来事をどのように見ているかという「叙法」の内容に「焦点化」と別立てで「距離」の項を置いている。「距離」は，物語言説の描き出す虚構世界のディテールの程度にかかわるカテゴリである。「焦点化」が物語情報の質的な変調（「何を媒介にして」）を制禦するのに対して，「距離」は物語情報の量的な変調（「どのくらい？」）を制禦する（p. 46）。「出来事」の定義自体についての検討も行われなければならないだろう。

　本研究は，協働的に構成される対話の過程を検討することで人の認知過程に迫ろうとするアプローチによって，「物語」の読みの深まる過程を明らかにしようとするものであった。このようなアプローチの研究を積み重ねることを通して，諸「物語論」を整理・吟味していくことが今後の課題として残されている。

　第２は，「物語」の読みの授業の教室談話を分析する枠組みについて理論的な考察を深め，より洗練していくことである。本研究では，「物語」の出来事に対してどのような意識から言及するかということに絞って「焦点化」概念に基づいて発話の分析を行った。しかし，バフチン（1988, 1989）の発話の対話的定位のアイディアに見られるように，発話には対象に対する態度とその宛先に対する態度の両方が含まれている。ジュネット（1985a）も，このことにかかわり，誰が誰に向けてどのように語っているのかということ，すなわち，物語言説が示す語り手と聞き手の関係のあり方を示す概念として「態」（voix）を提唱している。このようなアイディアを「物語」を読む授業

168 第Ⅴ部 総合考察

の談話過程を分析する概念枠組みに組み込んでいくことは,「物語」を読む
という行為についての新たな知見をもたらすものと考えられる。

　方法論的な課題としての第1は,少数の授業事例の検討から結論を導き出
しているため,その一般化可能性に問題のあることである。今後,より多く
の事例について検討を重ねることが必要である。さらに,第5章から第7章
での観察では,ワークシートを回収し,音声による談話過程と関連付けなが
ら分析を行ったものの,第3章第4章ではこのような手続きは踏まれていな
い。授業観察に加え,ワークシートやノート等の文書類の収集,教師や生徒
へのインタビュー,質問紙調査など多角的にデータを収集してトライアンギ
ュレーションを行い観察した授業に対する解釈の妥当性を高めた研究を行う
ことが必要である。

　第2は,「物語」を協働的に読み深める授業の過程をそれによる子どもの
読む能力の個人的な伸長と関連させて検討することである。ワーチ(2002)
は,学習を文化的道具の「専有(appropriation)」の過程としてとらえること
を提唱している。この概念は,ヴィゴツキーの内化概念を発達や学習の形態
として精緻化する,比較的長い時間の学習を想定する概念ととらえられる
(佐藤,2007)。たとえば,第5章から第7章で検討した事例では,ある出来
事について他者が行った特定の読み方を自分のものにして別の出来事につい
て意味づけをする姿が見られた。それを「専有」の一部過程としてとらえる
ことができるだろう。しかし,同じ単元の内部,あるいは同じ「物語」とい
う枠を越えて,読むという行為にかかわる文化的道具を子どもが「専有」し
ていく過程を記述していくことは今後の課題として残されている。

　第3は,「物語」の物語言説の多様なあり方を考慮して読みの深まりを追
究すべき事である。本研究では,重松清「卒業ホームラン」と芥川龍之介
「羅生門」という物語内容構造の異なる「物語」(Figure 7)についての生徒
の読むという行為を検討した。虚構世界の出来事の当事者を対象化する存在
が物語言説において明示的に示されているか否かによって,読み手の景観の

二重性に対する意識の仕方は異なってくると考えられる．物語言説におけるこのような違いは，「物語」についての読み手の読みが深まる過程に影響を与えるものと考えられる．今回，取り上げた事例の範囲では，このような構造の違いが生徒の読むという行為にどのような違いをもたらすのか十分考察することができなかった．1人称の語りや3人称の語りを区別するか否かという問題もそれが読者にどのような読書体験をもたらすかという観点から検討すべき問題だと考えられる．

　また，このような大きな枠組みだけではなく，物語言説の特定のあり方に応じて変化する，読むという行為のあり方についても検討していく必要がある．例えば，第5章での事例の検討では，「物語」の虚構世界の時間の流れが止まっている物語言説に示される出来事について登場人物の意識を通して語ることは困難であることが示唆された．このような，物語言説の部分の特定のあり方と読むという行為のかかわりについて検討することも課題として残されている．

Figure 7　「卒業ホームラン」と「羅生門」の物語内容の構造

引 用 文 献

Abbott, H.P.（2008）. *The Cambridge Introduction to Narrative. Second edition.* Cambridge University Press, New York.

赤羽研三（2004）語り手のポジション　防衛大学校紀要：人文科学分冊　88, 123-171.

赤羽研三（2007）語りの流れのなかで構築される視点　水声通信, 19, 54-65.

秋田喜代美（1998）「談話」日本児童研究所（編）『児童心理学の進歩：1998年版』金子書房, pp. 53-77.

秋田喜代美（2000）『子どもをはぐくむ授業作り：知の創造へ』岩波書店

秋田喜代美（2004）授業への心理学アプローチ　心理学評論　47(3), 318-331.

秋田喜代美（2008）文章の理解におけるメタ認知　三宮真智子（編著）『メタ認知―学習力を支える高次認知機能』北大路書房　pp. 97-109.

秋田喜代美（2009）質の時代における学力形成　東京大学学校教育高度化センター編『基礎学力を問う　21世紀日本の教育への展望』東京大学出版会. pp. 198-233.

秋田喜代美（2016）「子どもの学びと育ち」　小玉重夫編『岩波講座　教育　変革への展望1　教育の再定義』岩波書店　pp. 97-126.

Albrecht, J. E., O'Brien, E. J., Mason, R. A., & Myers, J. L. (1995). The role of perspective in the accessibility of goals during reading. *Journal of Experimental Psychology: Learning, Memory, and Cognition, 21,* 346-372.

Anderson, R. C., & Pichert, J.W. (1978). Recall of previously unrecallable information following a shift in perspective. *Journal of Verbal Learning and Verbal Behavior, 17,* 1-12.

青柳悦子（2001）小説的思考における人称＝人物概念の突破：ミラン・クンデラの「存在の耐えられない軽さ」をめぐって　言語文化論集, 55, 207-221.

青柳宏（2004）対話的・物語的教育研究の地平　藤田英典・黒崎勲・片桐芳雄・佐藤学（編）『教育学年報　10　教育学の最前線』世織書房　pp. 353-373.

荒木繁（1953）「民族教育としての古典教育―萬葉集を中心として―」日本文學協會（1953）『日本文學』Vol. 2, No. 9　未来社　pp. 1-10.

浅野智彦（2001）『自己への物語論的接近―家族療法から社会学へ』勁草書房

芦田惠之助（1916）「讀み方教授」　芦田惠之助著；古田弘編（1987）『芦田惠之助国語教育全集　7　読み方実践編　その一』明治図書　pp. 124-338.

172　引用文献

バフチン，M. 著／新谷敬三郎・伊東一郎・佐々木寛訳（1988）『ことば　対話　テキスト』新時代社

バフチン，M. 著／桑野隆訳（1989）『マルクス主義と言語哲学【改訳版】』未來社

バフチン，M. 著／伊東一郎訳（1996）『小説の言葉　付：「小説の言葉の前史より」』平凡社

バフチン，M. 著／桑野隆訳（2013）『ドストエフスキーの創作の問題　付：より大胆に可能性を利用せよ』平凡社

Bal, Mieke. (2009) *Narratology Introduction to the Theory of Narrative Third Edition*. University of Toronto Press. Toronto Buffalo London.

Barnes, D. (2008). Exploratory Talk for Learning. In Neal Mercer and Steve Hodgkinson (Eds.) *Exploring Talk in School*. SAGE Publication. Pp. 1-16.

バルト，R. 著／花輪光訳（1979）『物語の構造分析』みすず書房

Brown, A.L., & Campione, J.C. (1996). Psychological theory and the design of innovative learning environments: On procedures, principles, and systems. In L. Schauble & R. Glaser (Eds.), *Innovations in learning: New environments for education*. Mahwah, NJ: Erlbaum. pp. 289-325.

Bruner, Jerome S. (1986). *Actual Minds, Possible Worlds*. Harvard University Press, Cambridge, Massachusetts London, England.（田中一彦訳（1998）『可能世界の心理』みすず書房）

Bruner, Jerome S. (1990). *Acts of meaning*. Harvard University Press, Cambridge, Massachusetts London, England.（岡本夏木・仲渡一美・吉村啓子訳（1999）『意味の復権：フォークサイコロジーに向けて』ミネルヴァ書房）

Cazden, C. (2001). *Classroom discourse: The language of teaching and learning. 2nd edition*. NJ: Heinemann.

Chan, C.K.K. (2000). 協働による科学学習における問題を中心に据えた探索　上田一博・岡田剛編『協働の知をさぐる：創造的コラボレーションの認知科学』共立出版　pp. 108-133.

中央教育審議会教育課程部会（2007）教育課程部会におけるこれまでの審議のまとめ（http://www.mext.go.jp/b_menu/shingi/chukyo/chukyo3/siryo/07110606/001.pdf）

中央教育審議会初等中等教育分科会教育過程企画特別部会（2015）論点整理（http://www.mext.go.jp/component/b_menu/shingi/toushin/__icsFiles/afieldfile/2015/12/11/1361110.pdf）

クラーク，K. ＆ホルクイスト，M. 著／川端香男里，鈴木晶訳（1990）『ミハイール・バフチーンの世界』せりか書房

コール，M. 著／天野清訳（2002）『文化心理学：発達・認知・活動への文化－歴史的アプローチ』新曜社

Cornelius, L. & Herrenkohl, L. R. (2004) Power in the classroom: How the classroom environment shapes students' relationships with each other and with concepts. *Cognition and Instruction, 22*(4), 467-498.

カラー，J. 著／荒木映子・富山太佳夫訳（2003）『文学理論』岩波書店

カラー，J. 著／折島正司訳（2011）『文学と文学理論』岩波書店

ダニエルズ，H. 著／山住勝弘・比留間太白訳（2006）『ヴィゴツキーと教育学』関西大学出版部

Dijkstra, K., Zwaan, R.A., Graesser, A.C., & Magliano, J.P. (1994). Caracter and reader emotions in literary texts. *Poetics 23*, 139-157.

エーコ，U. 著／篠原資明訳（2011）『物語における読者』青土社

遠藤健一（2001）オニールの焦点化論の可能性　パトリック・オニール著／遠藤健一監訳『言説のフィクション　ポスト・モダンのナラトロジー』松柏社　pp. 253-262.

Erickson, F. (1982). Classroom discourse as improvisation: Relationships between academic task structure and social participation structure in lessons. In L. C. Wilkinson. (Ed.), *Communicating in the classroom*. New York: Academic Press. Pp. 153-181.

Erickson, F. (1996). Going for the zone: the social and cognitive ecology of teacher-student interaction in classroom conversations. Hicks D. (Ed.) Discourse, Learning, and Schooling. New York: Cambridge University Press. Pp. 29-62.

Fish, S. (1980). *Is There a Text in This Class? : The Authority of Interpretive Communities*. Harvard University Press Cambridge, Massachusetts London, England.

藤江康彦（2000）一斉授業の話し合い場面における子どもの両義的な発話の機能－小学5年の社会科授業における教室談話の分析－　教育心理学研究　48, 21-31.

藤江康彦（2010a）「教室談話の特徴」秋田喜代美・藤江康彦『授業研究と学習過程』放送大学教育振興会　pp. 93-109.

藤江康彦（2010b）「共同学習支援の学習環境」秋田喜代美・藤江康彦『授業研究と学習過程』放送大学教育振興会　pp. 143-157.

174 引 用 文 献

藤井國彦（1988）何のために「視点」を分析するのか　現代教育科学，378, 34-37.

藤井知弘（2000）読者反応研究から授業化への視点　国語科教育，47，25-32.

藤森裕治（2007）『バタフライ・マップ法―文学で育てる〈美〉の論理力』東洋館出版社

藤森裕治（2013）『すぐれた論理は美しい：Ｂマップ法でひらくことばの学び』東洋館出版社

藤村宣之・太田慶司（2002）算数授業は児童の方略をどのように変化させるか―数学的概念に関する方略変化のプロセス―　教育心理学研究，50(1), 33-42.

府川源一郎（1995）『文学すること・教育すること：文学体験の成立を目指して』東洋館出版社

福田由紀（1996）『物語理解における視覚的イメージの視点の役割』風間書房

福沢将樹（2015）『ナラトロジーの言語学　表現主体の多層性』ひつじ書房

古屋喜美代・田代康子（1989）幼児の絵本受容過程における登場人物と読者のかかわり　教育心理学研究，37(3), 252-258.

ジュネット，G. 著／花輪光・和泉涼一（1985a）『物語のディスクール』水声社

ジュネット，G. 著／和泉涼一・神郡悦子（1985b）『物語の詩学』書肆風の薔薇

浜本純逸（1978）『戦後文学教育方法論史』明治図書

濵田秀行（2007）『クリティカルな思考を育む国語科学習指導』渓水社

濵田秀行（2008）テクストを批評的に読解する力を育成する　日本国語教育学会主催第71回国語教育全国大会　校種別分科会高等学校部会配付資料

濵田秀行（2010）単元「クリティカルに読む」　日本国語教育学会監修『豊かな言語活動が拓く　国語科単元学習の創造　Ⅶ　高等学校編』東洋館出版社　pp. 48-62.

ハーマンス＆ケンペン著／溝上慎一・水間玲子・森岡正芳訳（2006）『対話的自己　デカルト／ジェームズ／ミードを超えて』新曜社

廣野由美子（2005）『批評理論入門』中公新書

廣野由美子（2008）『視線は人を殺すか』ミネルヴァ書房

一柳智紀（2009）教師のリヴォイシングの相違が児童の聴くという行為と学習に与える影響．教育心理学研究，57，373-384.

一柳智紀（2012）『授業における児童の聴くという行為に関する研究―バフチンの対話論に基づく検討―』風間書房

一柳智紀（2013）児童の話し方に着目した物語文読解授業における読みの生成過程の検討―D. バーンズの「探究的会話」に基づく授業談話とワークシートの分析―

教育方法学研究，38，13-23.

今井康晴（2010）ブルーナーのナラティブ論に関する一考察　広島大学大学院教育学研究科紀要，第一部，59，51-57.

Inagaki K., Hatano G. & Morita E. (1988). Construction of Mathematical Knowledge through Whole-Class Discussion. Learning and Instruction, 8(6), 503-526.

井上尚美（2007）『思考力育成への方略—メタ認知・自己学習・言語論理—〈増補新版〉』明治図書

庵功雄（2001）『新しい日本語学入門』スリーエーネットワーク

イーザー，W. 著／轡田収訳（1998）『行為としての読書　美的作用の理論』岩波書店

石黒広昭（1990）「読む」ということ　佐伯胖・佐々木正人編『アクティブ・マインド—人間は動きのなかで考える』東京大学出版会　pp. 229-260.

石原千秋（2004）『テクストはまちがわない—小説と読者の仕事』筑摩書房

石原千秋（2009）『読者はどこにいるのか—書物の中の私たち』河出書房新社

石井順治（1988）『子どもとともに読む授業—教師主導型からの脱皮』国土社

石井順治（2004）『「学びあう学び」が生まれるとき』世織書房

石井順治（2006）『ことばを味わい読みをひらく授業：子どもと教師の「学び合う学び」』明石書店

石井順治（2012）『「学び合う学び」が深まるとき』世織書房

石井順治（2014）文学の味わいがあふれる教室に　東海国語教育を学ぶ会『子ども・ことば・授業　第23号』pp. 112-124.

伊東一郎（2008）〈音楽〉形式から〈声〉の現象へ—バフチン『ドストエフスキーの創作の諸問題』における「ポリフォニー」概念をめぐって—　早稲田大学大学院文学研究科紀要　第2分冊，53，17-34.

岩田純一（1996）物語としての発達論へ：ブルーナー　『別冊発達　20』ミネルヴァ書房　pp. 33-53.

井関義久（1986）『批評の文法〈改訂版〉—分析批評と文学教育—』明治図書

児童言語研究会（2006）『今から始める一読総合法』一光社

児童言語研究会・関可明（2015）『一読総合法読みの授業と理論』こどもの未来社

鍛治哲郎（2004）読むことの個別性と社会性—ブース，フィッシュ，イーザーの読者反応論をめぐって　小森陽一・富山太佳夫・沼野充義・兵藤裕己・松浦寿輝『岩波講座　文学　別巻　文学理論』岩波書店　pp. 73-94.

河野麻沙美（2007）算数授業における図が媒介した知識構築過程の分析：「立ち戻り」過程に支えられた子どもたち同士の足場がけに注目して　質的心理学研究，6，

25-40.

Kintsch, W. 1998. *Comprehension: A paradigm for cognition.* Cambridge, UK: Cambridge University Press.

Knoeller, C.（1994）. Negotiating Interpretations of Text: The Role of Student-Led Discussions in Understanding Literature. *Journal of Reading, 37(7),* 572-80.

Knoeller, C.（1998）. *Voicing ourselves: whose words we use when we talk about books.* State University of New York Press, Albany.

Knoeller, C.（2004）. Narratives of Rethinking: The Inner Dialogue of Classroom Discourse and Student Writing. Ball, A. F. & Freedman, S. W. Eds. *Bakhtinian Perspectives on Language Literacy, and Learning.* Cambridge University Press. New York, USA. pp. 148-171.

米田英嗣（2010）物語理解と社会認知神経科学　楠見孝編『現代の認知心理学3　思考と言語』北大路書房　pp. 270-290.

Komeda, H., Kawasaki, M., Tsunemi, K., & Kusumi, T.（2009）. The differences between estimating protagonists' and evaluating readers' emotion in narrative comprehension. *Cognition and Emotion, 23(1),* 135-151.

米田英嗣・楠見孝（2007）物語理解における感情過程：読者－主人公相互作用における状況モデル構築　心理学評論, 50(2), 163-179.

栗原裕（1988）『物語の遠近法』有精堂

桑野隆（2011）『バフチン：カーニヴァル・対話・笑い』平凡社新書

小森陽一（1991）語り：narration　石原千秋・木股知史・小森陽一，島村輝，高橋修，高橋世織（1991）『読むための理論－文学・思想・批評－』世織書房　pp. 94-99.

小森陽一（2009）『大人のための国語教科書』角川書店

クリステヴァ, J. 著／原田邦夫訳（1983）『記号の解体学：セメイオチケ1』せりか書房

久野暲（1978）『談話の文法』大修館書店

ロッジ, D. 著／伊藤誓訳（1992）『バフチン以後：〈ポリフォニー〉としての小説』法政大学出版局

ロッジ, D. 著／柴田元幸・斎藤兆史訳（1997）『小説の技巧』白水社

益田勝實（1952）「文學教育の問題點」日本文學協會編（1953）『日本文學の傳統と創造－1952年度日本文學協會大會報告－』岩波書店　pp. 167-178.

松尾剛・丸野俊一（2007）子どもが主体的に考え，学び合う授業を熟練教師はいかに実現しているか　－話し合いを支えるグラウンド・ルールの共有過程の分析を通

じて－　教育心理学研究．55⑴，93-105.

Means, M. L., & Voss, J. F. (1996). Who reasons well? Two studies of informal reasoning among children of different grade, ability, and knowledge levels. *Cognition and Instruction*, 14⑵, 139-178.

Mehan. H. (1979) *Learning lessons.* Cambridge, Mass: Harvard University Press

三上章（1972）『現代語法序説』くろしお出版

箕浦康子（1999）フィールドワークの基礎的スキル　箕浦康子編著『フィールドワークの技法と実際－マイクロ・エスノグラフィー入門』ミネルヴァ書房 pp. 21-40.

宮崎清孝（1988）「想像の世界を作る－文学の理解と“語り”－」岩波講座　教育の方法7　『美の享受と創造』岩波書店

宮崎清孝（2008）「視点の働き－より深い理解に向けて」宮崎清孝・上野直樹『視点』東京大学出版会　pp. 101-189.

溝上慎一（2008）『自己形成の心理学　他者の森をかけ抜けて自己になる』世界思想社

望月善治（1994）「ごん狐」の「視点」－〈「視覚」転換説〉を否定する－　読書科学，38⑴，19-25.

文部科学省（2008a）『小学校学習指導要領解説国語編』東洋館出版社

文部科学省（2008b）『中学校学習指導要領解説国語編』東洋館出版社

文部科学省（2011）『言語活動の充実に関する指導事例集【小学校版】』教育出版

文部科学省（2012）『言語活動の充実に関する指導事例集【中学校版】』教育出版

茂呂雄二（1997）談話の認知科学への招待　茂呂雄二編『対話と知：談話の認知科学入門』新曜社　Pp. 1-20

茂呂雄二（1999）『具体性のヴィゴツキー』金子書房

村瀬公胤（2005）授業のディスコース分析　秋田喜代美・恒吉僚子・佐藤学編『教育研究のメソドロジー』東京大学出版会　pp. 115-137.

長尾高明（1990）『鑑賞指導のための教材研究法』明治図書

難波博孝・三原市立三原小学校（2007）『PISA 型読解力にも対応できる文学体験と対話による授業づくり』明治図書

米国学術研究推進会議（National Research Council）編著／森敏昭・秋田喜代美監訳（2002）『授業を変える：認知心理学のさらなる挑戦』北大路書房

西尾実（1953）「文學教育の問題點」『文學』岩波書店　pp. 89-92.

野口裕二（2002）『物語としてのケア　ナラティブ・アプローチの世界へ』医学書院

Nystrand, M. & Gamoran, A. (1997). The Big Picture: Language and Learning in

Hundreds of English Lessons. In M. Nystrand, A. Gamoran, R. Kachur, and C. Prendergast. *Opening Dialogue*. Teachers College Press, New York. Pp. 30-74.

Nystrand, M., Wu, L. L. & Gamoran, A., & Zeiser, S. (2003). Questions in time: Investigating the structure and dynamics on unfolding classroom discourse, *Discourse Processes, 35(2)*, 135-196.

O'Connor, M. C., & Michaels, S. 1996 Shifting participant frameworks: Orchestrating thinking practices in group discussions. In D. Hicks (Ed.), *Discourse, learning, and schooling* pp. 63-103 New York: Cambridge University Press.

荻原伸（1996）文学テクストに対する小／中学生の読みの反応の発達　国語科教育，43，70-79.

大西道雄（1991）授業過程における児童の文章理解－読みの傾向性と認知スタイル－福岡教育大学紀要，40（第1分冊），75-91.

太田正夫（1987）『一人一人を生かす文学教育』創樹社

小山内秀和・楠見孝（2013）物語世界への没入体験－読解過程における位置付けとその機能－　心理学評論，56(4)，457-473.

小山内秀和・岡田斉（2011）物語理解に伴う主観的体験を測定する尺度（LRQ-J）の作成　心理学研究，82(2)，167-174.

Palincsar, A. S. (2003). Collaborative Approaches to Comprehension Instruction. Anne Polselli Sweet and Catherine E. Snow (Eds.) *rethinking reading comprehension*. New York: The Guilford Press. Pp. 99-114.

プリンス，ジェラルド著／遠藤憲一訳（2015）『改訂　物語論辞典』松柏社

レイボウ，J.・チャーネス，M.A.・キッパーマン，J.・ベイシル，S.R. 著／丸野俊一・安永悟訳（1996）『討論で学習を深めるには』ナカニシヤ出版

ポール・リクール著／久米博訳（1987）『物語と時間性の循環：歴史と物語』新曜社

Rimmon-Kenan, Shlomith. (2002). *Narrative Fiction Contemporary Poetics 2nd edition*. Routledge. New York.

ライチェン，D. S. ＆サルガニク，L. H. 編著／立田慶裕監訳（2006）『キー・コンピテンシー：国際標準の学力をめざして』明石書店

佐伯胖（1978）『イメージ化による知識と学習』東洋館出版社

佐伯胖（2004）『「わかり方」の探究：思索と行動の原点』小学館

西郷竹彦（1965）『文学教育入門』明治図書

西郷竹彦（1968）『教師のための文芸学入門』明治図書

西郷竹彦（1976）『文芸教育著作集3　文芸の授業入門』明治図書

西郷竹彦（1978）「ふたたび『出口』論について」『現代教育科学』258号　p. 78.

西郷竹彦（1998a）『西郷竹彦文芸・教育全集13 文芸学入門』恒文社

西郷竹彦（1998b）『西郷竹彦文芸・教育全集14　文芸学講座Ⅰ視点・形象・構造』恒文社

佐藤公治（1996）『認知心理学から見た読みの世界－対話と共同的学習を目指して－』北大路書房

佐藤公治（1999）『対話の中の学びと成長』金子書房

佐藤公治（2007）国語教育　『児童心理学の進歩46』pp. 120-142.

佐藤学（1994）教室という政治空間－権力関係の編み直しへ　森田尚人・藤田英典・黒崎勲・片桐芳雄・佐藤学編『教室の中の政治　教育学年報(3)』世織書房 pp. 3-30.

佐藤学（1999）『学びの快楽－ダイアローグへ－』世織書房

佐藤学（2003）『教師たちの挑戦－授業を創る，学びが変わる』小学館

澤田治美編集（2011）『主観性と主体性』ひつじ書房

澤田英三・南博文（2001）質的調査－観察・面接・フィールドワーク　南風原朝和・市川伸一・下山晴彦編『心理学研究法入門－調査・実験から実践まで』東京大学出版会

Sawyer, R. K. (Ed.). (2006). *The Cambridge handbook of the learning sciences.* Cambridge University Press.（森敏昭・秋田喜代美監訳（2009）『学習科学ハンドブック』培風館）

Schank, R.C. (1979). Interestingness: Controlling Inferences. *Artificial Intelligence, 12,* 273-297.

Scott, R. S., & Taylor, H. A. (2000). Not all narrative shifts functionally equally. *Memory and Cognition, 28,* 1257-1266.

清水啓子（2010）言語表現における主観性　*Language issues 16(1),* 1-12.

白水始（2006）教室の中での学習－協調による理解深化－『児童心理学の進歩45』金子書房　pp. 85-111.

シュタンツェル，F. 著／前田彰一訳（1989）『「語り」の理論とテクスト分析』岩波書店

杉田知之（1988）『分析批評の方法論－文学教材の読みを問う－』明治図書

住田勝・山元隆春・上田祐二・三浦和尚・余郷裕次（2001）国語科教育49，57-64.

田近洵一編集（1993）『西尾実』明治図書

田近洵一（1996）『創造の〈読み〉－読書行為をひらく文学の授業』東洋館出版社

田近洵一（1998）読書行為をひらく「視点」論　西郷竹彦（1998）『西郷竹彦文芸・教育全集14　文芸学講座Ⅰ視点・形象・構造』恒文社　pp. 493-502.

田近洵一（2013）『創造の〈読み〉新論―文学の〈読み〉の再生を求めて』東洋館出版社

田島信元（2003）『共同行為としての学習・発達―社会文化的アプローチの視座』金子書房

高木光太郎（1998）学びと対話―「唯一の声」から発達を考える―　佐伯胖・黒崎勲・佐藤学・田中孝彦・浜田寿美男・藤田英典編集『授業と学習の転換』岩波書店　pp. 50-69.

高橋良久（2007）『生徒の読んだ「羅生門」―新しい解釈を求めて―』渓水社

武田忠（2008）『「生きる力」を育む授業　いま，教育改革に問われるもの』新曜社

田中実（1996）『小説の力：新しい作品論のために』大修館書店

田中実・須貝千里篇（2012）『文学が教育にできること―「読むこと」の秘鑰』教育出版

丹藤博文（2010）「羅生門」（芥川龍之介）の授業実践史：『羅生門』の行方は誰も知らない　浜本純逸監修『文学の授業づくりハンドブック：授業実践史を踏まえて　第4巻　中・高等学校編』渓水社　pp. 118-138.

寺田守（2003）読むことの授業における学習者の反応方略の分析―「アイスキャンデー売り」（立原えりか）に対する反応の変化に注目して―　国語科教育，53，34-41

トマセロ，M. 著／大堀壽夫・中澤恒子・西村義樹・本多啓訳（2006）『心とことばの起源を探る』勁草書房

Toulmin, S. E. (2003). *The Uses of Argument: Updated Edition.* Cambridge University Press, New York.

塚田泰彦（2005）どのような文脈を包摂して文学教育を再構築するか　田中実・須貝千里　編著『「これからの文学教育」のゆくえ』右文書院　pp. 275-287.

塚野弘明（2012）媒介　茂呂雄二・有元典文・青山征彦・伊藤崇・香川秀太・岡部大介編『状況と活動の心理学：コンセプト・方法・実践』新曜社

鶴田清司（1999）『文学教材の読解主義を超える』明治図書

宇佐美寛（1983）「同化」・「異化」概念の粗雑・混乱　『文芸教育37　臨時増刊号』明治図書　pp. 29-37.

Van Dijk, T. A. & Kintsch, W. (1983). *Strategies of discourse comprehension.* New York: Academic Press.

引 用 文 献　　181

ヴィゴツキー，L. S. 著／柴田義松訳（1970）『精神発達の理論』明治図書

ヴィゴツキー，L. S. 著／土井捷三・神谷栄司訳（2003）『「発達の最近接領域」の理論―教授・学習過程における子どもの発達』三学出版

Wertsch, J. V. (1985). Units of Psychological Functioning: Consciousness, Word Meaning, and Action. J. V. Wertsch. *Vygotsky and the social formation of mind*. Harvard University Press. Cambridge, Massachusetts and London, England.

ワーチ，J.V. 著／佐藤公治・黒須俊夫・上村佳世子・田島信元・石橋由美訳（2002）『行為としての心』北大路書房（Wertsch, J.V (1998). *Mind as action*. New York: Oxford University Press.）

ワーチ，J.V. 著／田島信元・佐藤公治・茂呂雄二・上村佳世子訳（2004）『心の声―媒介された行為への社会文化的アプローチ―　新装版』福村出版（Wertsch, J.V (1991). *Voices of the mind: A sociocultural approach to mediated action*. Cambridge, MA: Harvard University Press）

Wertsch, J.V. & Toma, C. (1995). Discourse and learning in the classroom: A sociocultural approach. In L. P. Steffe & J. Gale (Eds.) *Constructivism in education*. Hillsdale, NJ: LEA

やまだようこ（2000）人生を物語ることの意味―ライフストーリーの心理学　やまだようこ編著『人生を物語る―生成のライフストーリー』ミネルヴァ書房，pp. 1-38.

やまだようこ（2006）質的心理学とナラティブ研究の基礎概念―ナラティブ・ターンと物語的自己―　心理学評論，49(3)，436-463.

山路兵一（1931）『讀方學習態度の段階的指導』明治圖書

山本茂喜編著（2014）『一枚で読める・書ける・話せる！　魔法の「ストーリーマップ」で国語の授業づくり』東洋館出版社

山元隆春（1992）文芸の授業のための学習者研究―読者反応研究の観点から―　国語科教育，39，27-34.

山元隆春（2005）『文学教育基礎論の構築―読者反応を核としたリテラシー実践に向けて―』溪水社

山元隆春（2010）文学教育の研究　森田信義・山元隆春・山元悦子・千々岩弘一『新訂国語科教育学の基礎』溪水社　pp. 74-127.

山元隆春（2014）『読者反応を核とした「読解力」育成の足場づくり』溪水社

山元隆春・住田勝（1996）文学作品に対する子どもの反応の発達：「おにたのぼうし」

の場合　国語科教育，43，60-69.

吉田彌三郎（1925）『自由教育に基づく讀方學論』寶文館

渡辺貴裕（2008）〈なる〉活動はいかにして文学作品への理解の深まりをもたらすか
　－鳥山敏子の実践記録を手がかりに－　国語科教育，64，19-26.

Zwaan, R.A.（1999）. Five Dimensions of Narrative Comprehension: The Event-In-
dexing Model. Susan R. Goldman and Arthur C.（Eds.）, *Narrative comprehen-
sion, causality, and coherence: essays in honor of Tom Trabasso*, Manhwah,
N.J. : Lawrence Erlbaum Associates. Pp. 93-110.

Zwaan, R. A. & Radvansky, G. A. 1998 situational models in language comprehen-
sion and memory. *Psychological Bulletin*, 23, 162-185.

初 出 一 覧

本書の内容は，下記の論文において発表した研究に基づいている。

(1) 濱田秀行（2010）小説の読みの対話的な交流における「専有」 国語科教育，68，43-58.

(2) 濱田秀行（2011）物語の読みの交流過程における読み方の学習－"Appropriation"概念を手がかりとした高等学校授業分析をもとに－ 読書科学，53(4)，95-105.

(3) 濱田秀行（2013）物語を協同的に読む授業における生徒の自己内対話－読みの交流に書くことを取り入れた高等学校国語授業の分析－ 読書科学，55(1.2)，33-43.

(4) 濱田秀行（2016）文学的文章についての読みが教室において深まる過程－中学校国語科の授業事例分析を通して－ 国語科教育，80，39-46.

(5) 濱田秀行（2017）文学教育のための物語論 群馬大学教育学部紀要 人文・社会科学編，66，37-49.

謝　辞

　本書は2015年度に東京大学大学院教育学研究科から博士（教育学）の学位を授与された学位論文「他者と共に『物語』を読むという行為－『焦点化』に着目した教室談話分析－」に加筆と修正を行ったものです。本書の成立の過程においてたくさんの方からご支援・ご指導をいただきました。最後に，これらの方々への感謝の意を述べたいと思います。

　まず，調査に協力してくださった学校の関係者の皆様に深く感謝いたします。特に，観察を許可してくださった先生にはお忙しい身の上でありながら，種々の調査にご協力をいただき，本当にありがとうございました。授業の質を高めようと真摯に取り組んでおられる姿から私は大きな刺激を受け，様々なことを学ばせていただきました。また，教室の子どもたちには，他者とつながって学ぶことの価値を具体的な姿で見せてもらいました。心からお礼を申し上げます。

　そして，本研究の指導教官である東京大学大学院教育学研究科の秋田喜代美先生に心から御礼申し上げます。先生には，研究の進め方だけでなく，授業の見方，研究者としてのあり方，現場の先生とのかかわり方，学生とのかかわり方などたくさんのことを教えていただきました。飲み込みの悪い学生だった私を粘り強くご指導くださっただけでなく，いくつもの温かいお言葉と励ましをくださいました。先生のお導きで研究の世界で生きて行くことになりました。さらに，大学院で研究室のメンバーに加えていただき，素敵な仲間たちと学べたことは私にとってかけがえのない宝物となりました。

　次に，博士論文の指導と審査において，原稿を丹念に読んでくださり，適確なコメントと有益なご助言をくださった先生方にも感謝申し上げます。東京大学大学院教育学研究科の藤江康彦先生には国語科教育学において授業実

186　謝　辞

践を対象とする研究がどうあるべきか問うていただきました。浅井幸子先生，小国喜弘先生には，我が国の教育実践の歴史的な流れや広がりの中に研究を位置付ける視点を教えていただきました。斎藤兆史先生には，欧米の文学・批評研究の知見に基づき重要な示唆をいただきました。先生方のお言葉によって，本研究の議論の精度を上げることができました。

　さらに，秋田研究室の先輩で現在新潟大学教職大学院に勤務する一柳智紀氏は，不勉強な後輩である私のよき理解者であり，この研究に対しても多くの助言と励ましをいただきました。ここに記してお礼を申し上げます。

　なお，本書は独立行政法人日本学術振興会平成28年度科学研究費助成事業（科学研究費補助金）（研究成果公開促進費　課題番号：16HP5230）を受けました。出版にあたっては風間書房の風間敬子様・斉藤宗親様に大変お世話になりました。

　終わりに，私の日常をあたたかく支えてくれる妻と二人の子どもに感謝を述べたいと思います。本当にありがとう。

　　2016年11月

　　　　　　　　　　　　　　　　　　　　　　　　　　　　濵田秀行

【略歴】

濱田秀行（はまだ　ひでゆき）

1974年　鹿児島県に生まれる
1999年　鹿児島大学大学院教育学研究科修士課程修了
2015年　東京大学大学院教育学研究科博士課程修了
　　　　博士（教育学）

【職歴】

1999年　鹿児島県公立学校教員（高等学校・国語）
2011年　群馬大学教育学部　准教授

他者と共に「物語」を読むという行為

2017年2月10日　初版第1刷発行

著　者　　濱　田　秀　行

発行者　　風　間　敬　子

発行所　　株式会社　風　間　書　房
〒101-0051　東京都千代田区神田神保町1-34
電話 03(3291)5729　FAX 03(3291)5757
振替 00110-5-1853

印刷　太平印刷社　　製本　井上製本所

©2017　Hideyuki Hamada　　　　　　NDC 分類：370
ISBN978-4-7599-2161-8　　Printed in Japan
JCOPY 〈(社)出版者著作権管理機構　委託出版物〉
本書の無断複製は，著作権法上での例外を除き禁じられています。複製される場合はそのつど事前に(社)出版者著作権管理機構（電話 03-3513-6969，FAX 03-3513-6979, e-mail: info@jcopy.or.jp）の許諾を得て下さい。